Christa Rinklin

Kuchigeischter

Wenn Edelbrenner im
Breisgau und Kaiserstuhl am Herd stehen

Obst
Brände
Rezepte

LAVORI VERLAG · FREIBURG i. Br.

ISBN: 978-3-935737-15-9

Vorlauf

„Worüber geht es diesmal?", fragten mich während der Vorbereitung dieses Buches so einige. „Über Edelbrenner und das Kochen mit Schnaps", antwortete ich und konnte dabei mit Freude beobachten, wie der Gesichtsausdruck meines Gegenübers in ein Schmunzeln überging.

Scheinbar hatte ich mir wieder einmal ein Thema vorgenommen, das nicht alltäglich ist und mit dem man etwas Spannendes, ja mitunter sogar „Geheimnisvolles" verbindet. Mein Gegenüber schien jedenfalls die Erwartung zu hegen, mit mir einen Blick hinter die Kulissen eines mehr oder weniger unbekannten Terrains werfen zu können.

Und so machte ich mich gerne auf den Weg, um Edelbrenner – und natürlich Edelbrennerinnen – unter ihren Obstbäumen, an ihren Brennanlagen und in ihren Probierstuben anzutreffen und mir von dem erzählen zu lassen, was viele von ihnen seit Jahrzehnten fasziniert. Die Ziele waren bald gesteckt: Im Breisgau, am Kaiserstuhl und an den Ausläufern des Schwarzwaldes würde ich sie finden.

Vielleicht muss ich kurz vorwegnehmen, dass ich schon – als ich noch etwa dreißig Zentimeter kürzer war – mit den Erzeugnissen unserer Obstbrenner in Berührung kam, war ich in der Familie doch immer bekannt als beste Abnehmerin von Mutters legendärer Schwarzwälder Kirschtorte, die sich wie der Kilimandscharo über die festliche Kaffeetafel wölbte. Gut sind mir auch noch die wohlriechenden Stunden in Erinnerung, als ich meinem Vater beim Abfüllen seines beliebten Likörs half, den er aus den kleinen Weichselkirschen zubereitete, die wir an der Feldböschung gepflückt hatten.

Jetzt, bei meinen Streifzügen durch die „Brennhisli" * und Keller der Edelbrenner, durfte ich meine Nase wieder in allerhand feine Kostbarkeiten hineinstecken. Die Vielfalt an Aromen, die mir dabei begegnete, war jedoch ein Erlebnis ganz neuer Art. Die „Geister" schienen für einen Moment ihre Flaschen zu verlassen, um mich in imaginäre Obstwiesen, Gärten und Rebberge zu entführen, in denen all das gedeiht, was die Brenner auf eine faszinierende Art zu veredeln verstehen. Bald wurde mir klar, dass bei so viel Liebe zur Natur ganz außergewöhnliche Rezepte entstehen müssen, und die „Kuchigeischter" ** waren geboren.

Ich danke all denen, die mich auf meinem Weg begleitet und zum Gelingen dieses Buches beigetragen haben, insbesondere Martina Kaiser, Steffi Wissler, Edmund Guldenfels und Manfred Breisacher. Sie waren zur Stelle, wenn Requisiten gebraucht wurden, eine Torte gebacken werden musste oder fachliche und alemannische Inspirationen gefragt waren.

Nun ist Zeit zum Genießen!

Christa Rinklin

Oktober 2011

* Brennhäuschen ** Küchengeister

Brenngeschirr aus der Zeit um 1940

Vom Met zum Monopol

Die Gewinnung von Alkohol aus Früchten, Honig oder Getreide kann auf eine lange Geschichte zurückblicken. Während die Kelten und Germanen sich mit gebrautem Met Mut für ihre Kriege machten und sich nach einer erfolgreichen Schlacht damit belohnten, widmeten sich die Hochkulturen der Ägypter, Sumerer und Griechen der Kunst des Destillierens, um Extrakte mit feinen Aromen für Duft- und Genussmittel zu gewinnen.

Destillierofen mit Destillierblasen, „Großes Destillierbuch" von Hieronymus Brunschwig, um 1519

Im europäischen Mittelalter erkannte man in den Klöstern, unter Ärzten und Apothekern die heilsame und durchaus entspannende Wirkung hochprozentiger Destillate. Man stellte das „aqua ardens", das brennende Wasser, und später in Verbindung mit Gewürzen und Kräutern das „aqua vitae", das „Wasser des Lebens", her. In ihm glaubte man, auch eine wirksame Medizin gegen die Pest gefunden zu haben.

Das einfache Volk bemühte sich fortan, dieses „Wunderwasser" auf eigene Faust zu erzeugen, und dies nicht nur aus medizinischen Gründen, sondern auch des Vergnügens wegen. Im mit Obstbäumen reich gesegneten Südwesten Deutschlands etablierte sich ab dem 18. Jahrhundert das Brennen von Früchten zum Eigengebrauch, da die Obrigkeit eine Verbesserung der wirtschaftlichen Situation der Bauern und nicht zuletzt auch eine lukrative Einnahmequelle über die Steuerabgabe darin erkannte.

Auf Bestreben Bismarcks wurde im Jahre 1887 das Reichsbranntweinsteuer-Gesetz verabschiedet. Mit dem in Grundzügen heute noch gültigen zweiten Branntweinmonopol-Gesetz von 1922 wurde die Vergabe von Brennrechten neu geordnet. Die damit verbundene dezentrale Erzeugung von Alkohol in kleinen und mittleren landwirtschaftlichen Betrieben in Form einer geschlossenen Kreislaufwirtschaft ist einmalig auf der Welt.

Im Zuge der EU-Angleichungsbestrebungen soll das deutsche Branntweinmonopol, das den Brennereien den Absatz ihrer Erzeugnisse erleichtert, zum 31. Dezember 2017 endgültig auslaufen. Die Verantwortung, welche die Obstbrenner für den Erhalt unserer einzigartigen Kulturlandschaft sowie für die Infrastruktur und Arbeitsplätze im ländlichen Raum übernehmen, bleibt jedoch ganz selbstverständlich weiter bestehen.

Pastorenbirnen, Bohnäpfel und Clapps Liebling

Baden-Württemberg hat sie, die „blühenden Landschaften“: Rund 180.000 Hektar Streuobstwiesen mit 12 Millionen Obstbäumen prägen das Landschaftsbild des als „Ländle“ bekannten Südweststaats, der über die größten Streuobstbestände Europas verfügt.

Die Wiege des Obstbrennens liegt im alemannischen Raum, mit seinem großen Angebot an Kirschen, Zwetschgen und anderem Steinobst sowie Äpfeln und Birnen im Rheintal und an den Ausläufern des Schwarzwaldes. 1945 gab es noch rund 45.000 Klein- und Obstbrenner im süddeutschen Raum. Heute sind es noch knapp 30.000, darunter sind mit circa 15.000 Brennern rund die Hälfte in Baden zu Hause. Ihre Interessen vertritt seit 1946 der Verband Badischer Klein- und Obstbrenner.

Mit Sorge ist allerdings zu beobachten, dass die traditionellen Hochstammbäume der regen baulichen Entwicklung vieler Landgemeinden und den verschärften Marktanforderungen im Obstbau im Wege stehen. Um die Vielfalt der alten Sorten vor dem Verlorengehen zu bewahren, wurde im Jahr 2001 in Eichstetten am Kaiserstuhl ein sehenswertes, lebendes **Obstmuseum** angelegt.

Die Zukunft im Visier hat der **Lehr- und Versuchsgarten für Obstbau** in Freiburg-Opfingen, wo neue Sorten und Methoden auf ihre Eignung für den Anbau unter aktuellen klimatischen Bedingungen getestet werden.

Bohnapfel

Boskoop grün

Brettacher

Bühler Zwetschge

Champagner-Renette

Gellerts Butterbirne

Winterrambour

Hoch lebe die Kaiserstühler Königin!

Im Breisgau, am Kaiserstuhl und in den klimatisch bevorzugten Schwarzwaldtälern ist man sich des kulturellen Erbes bewusst, das mit dem Obstbau verbunden ist. Neben dem Weinbau ist der Erwerbsobstbau für viele Betriebe zu einem wichtigen und teilweise wiederentdeckten wirtschaftlichen Standbein geworden. Obstbäume bereichern zu jeder Jahreszeit das Landschaftsbild und machen die Region zu einem Anziehungspunkt für den Tourismus.

Einen Namen im Obstbau hat sich seit vielen Jahrzehnten das Kaiserstühler **Kirschendorf Königschaffhausen** gemacht, das alljährlich drei Kirschenhoheiten als Botschafterinnen für die kleinen Früchte wählt und einen lehrreichen **Obstwanderpfad** ausgewiesen hat.

Öffentlich geförderte Pflanzaktionen sorgen immer wieder dafür, dass hochstämmige Kirschbäume wie die Sorte „Kaiserstühler Königin“ nicht aus der Landschaft verschwinden. Daneben repräsentiert die Vereinigung „Kaiserstühler Edelbrenner“ die Tradition der Kleinbrennereien in der Region.

Viele der passionierten Brennerinnen und Brenner öffnen gern die Tür zu ihrem „Brennhisli“ (Brennhäuschen), lassen sich beim Destillieren über die Schulter schauen und bieten Führungen durch Weinberge und Obstwiesen an. Bei ihren zünftigen Hoffesten lässt sich die ganze Palette edler Brände in einer urgemütlichen, geselligen Atmosphäre genießen.

Großmutters Mundapfel – *Haferpflaume* – *Landsberger Renette* – *Ontario* – *Pastorenbirne* – *Große grüne Reneklode* – *Zibärtle* – *Wangenheims Frühzwetschge*

Wie die Geister in ihre Flaschen kommen

„Gut Ding braucht Weile" – dies gilt ganz besonders für die charakteristischen Obstbrände Badens. Wer mit einem Edelbrenner ins Gespräch kommt, erhält einen Eindruck von den arbeitsreichen Schritten, die für die Herstellung eines hochwertigen Produktes erforderlich sind.

Baumschnitt: Die Qualität eines Brandes fängt beim Baumschnitt an. Individuelle Wuchsmerkmale gilt es zu berücksichtigen. Eine alte Regel besagt: „Man muss immer einen Hut durch den Baum hindurch werfen können".

vorher

Ernte: Wurde noch bis lange nach dem zweiten Weltkrieg vorwiegend minderwertiges Obst, das sich nicht als Tafelobst verkaufen ließ, „verschnapst", ist die Qualitätsstrategie heute eine komplett andere. Versierte Brenner nutzen den optimalen Reifezeitpunkt und verwenden nur gesundes, ausgereiftes und aromareiches Obst.

nachher

Einmaischen: Das Brennobst wird zu einer dickbreiigen Masse zerkleinert, damit der zuckerhaltige Saft austreten kann. Diese kommt in ein luftdicht verschlossenes Maischefass mit kleiner Öffnung, durch die das entstehende Kohlendioxid über eine Gärpfeife entweichen kann.

Gärung: Hier arbeiten die Hefen, die zur Gruppe der Pilze gehören. Sie spalten Frucht- und Traubenzucker in Alkohol, Kohlendioxid und weitere Stoffe auf.

Destillation: Erfahrung, Geduld und viel Fingerspitzengefühl sind für das Brennen erforderlich. Durch Messen, Riechen und Schmecken werden Vor-, Mittel- und Nachlauf sorgfältig voneinander getrennt.

Lagerung und Reife: Geiste und Brände mit zarten Aromen benötigen nur ein bis drei Jahre Reifezeit, kräftige Apfelbrände und Tresterbrände hingegen können viele Jahre länger in einem Holzfass veredelt werden.

Fertigstellung Der hochprozentige Mittellauf wird durch Zugabe von weichem Wasser (z.B. Quellwasser) auf die gewünschte Trinkstärke herabgesetzt.

Tipps für be-geisterten Genuss

Was man noch wissen sollte

Trinktemperatur: Die Duft- und Geschmackskomponenten eines Edelbrandes entfalten sich am besten bei einer Temperatur von etwa 20 °C (Zimmertemperatur). Kräftige Brände schmecken auch mit 14 °C. Der Kühlschrank ist kein optimaler Lagerort.

Glas: Ein bauchiges Stielglas, das sich nach oben hin öffnet, ist voluminösen Schwenkern vorzuziehen, da das Destillat sonst durch die Hand zu sehr erwärmt wird.

Lagerung: Edelbrände sollten stehend und dunkel aufbewahrt werden, da manche (z.B. Williams) sehr lichtempfindlich sind und an Aroma verlieren könnten.

Geschmacksverstärker: Edelbrände gehören zu den natürlichsten „Geschmacksverstärkern“, die es gibt. Sie betonen die Eigenaromen der Speisen (z.B. Gemüse) und bieten so ganz intensive Geschmackserlebnisse.

Hilfe, die Hausbar quillt über! Manche Leute werden mit so vielen „Schnäpsle“ beschenkt, dass sie mit dem Trinken gar nicht nach kommen. Deshalb: Ab in den Kochtopf damit, bevor sich die Geister verflüchtigen!

Wenn Kinder mitessen: Ernährungsfachleute empfehlen, beim Kochen mit Hochprozentigem die Speisen so lange zu erhitzen, bis der Alkohol verflogen ist. Außerdem sollten Kinder nicht regelmäßig solche Gerichte zu essen bekommen, damit sie sich nicht an den Alkoholgeschmack gewöhnen. Wer auf Nummer sicher gehen möchte, besprüht die Portionen der Erwachsenen nachträglich mit einem Destillat-Zerstäuber.

Die Edelbrenner rund um den Breisgau und Kaiserstuhl sind wahre Genießer. Gemeinsam mit ihren Angehörigen, mit Gourmet-Köchen und anderen Verbündeten sind Koch*- und Backrezepte entstanden, die wir Ihnen nicht länger vorenthalten möchten. Lassen Sie sich von den „Kuchigeischtern“ inspirieren...

*Sofern nicht anders angegeben, sind die Rezepte für 4 Personen konzipiert.

Immer der Nase nach

Fridolin Baumgartner *Vogtsburg-Oberbergen*

Wer ein Kaiserstühler Original sucht, findet es in Fridolin Baumgartner. Ein Leben ohne die Arbeit in der Natur ist er nicht gewohnt. Schon vor vierzig Jahren, als junger Bürokaufmann, spannte er frühmorgens das Pferd ein, um die Reben zu pflügen und anschließend mit dem Auto nach Freiburg zur Arbeit zu fahren. Nach verschiedensten beruflichen Stationen zog es ihn wie viele Kaiserstühler an seinen Hof zurück, wo er sich fortan mit seiner Frau Anneliese ganz dem Wein- und Obstbau widmete und eine eigene Hausbrennerei aufbaute. Die Liebe zum Obst haben die Baumgartners in den Genen, besaß doch schon Großvater Jakob die meisten hohen Kirschbäume in Oberbergen, 52 an der Zahl.

Heute konzentriert Fridolin Baumgartner sich schwerpunktmäßig auf die Veredelung regionaler Früchte, und dazu „geistern" ihm immer wieder gute Ideen durch den Kopf. Die Klassiker von Apfelbrand bis Zibärtle sind dabei für den Brenner ein Muss – dafür erntete er höchste Prämierungen bei der „Destillata" und kann sich zum „Kreis der auserwählten Destillerien" zählen.

Doch reizt es ihn auch, immer wieder neue Geschmackserlebnisse zu kreieren, die nicht unbedingt jeder hat. Eine Fahrt durch den Wald inspirierte ihn dazu, einen Bärlauchgeist zu erzeugen, der als Erster und Einziger auf Anhieb eine Goldmedaille von der Destillata-Jury erhielt. Etwas Exklusives ist auch der „Wirblika", eine Spirituose aus Wildrebenblüten mit frühlingshafter Duftnote.

Oft sind es aber die ganz einfachen Genüsse, denen man im Hause Baumgartner frönt: ein Löffelchen Quittengelee mit ein wenig Quittenbrand zum Kaiserstühler Speck, ein Schlückchen Rubinette-Apfelbrand zum Roquefort oder Erdbeerschokolade, zu der man den hauseigenen Himbeergeist süpfelt.

Die ganz hohe Kunst des Kochens überlässt man gern Sternekoch Anibal Strubinger, Chef de Cuisine im Schwarzen Adler in Oberbergen, der für dieses Buch Reh und Kalbsleber mit Baumgartners Bränden veredelte.

Kalbsläwere mid Epfelbrand

[Kalbsleber mit Apfelbrand]

- *4 schöne Kalbsleberscheiben à 180 g*
- *1 kg Kalbsknochen*
- *1 Karotte*
- *2 Zwiebeln*
- *1/4 Sellerieknolle*
- *1 Lauchstange*
- *4 Knoblauchzehen (zerdrückt)*
- *4 Lorbeerblätter*
- *3 Wacholderbeeren*
- *1 Zweig Thymian*
- *1 Zweig Rosmarin*
- *2 EL Tomatenmark*
- *1 TL zerdrückter Pfeffer*
- *1/2 l Spätburgunder Rotwein*
- *2/8 l Baumgartners Apfelbrand Rubinette*
- *1 l Brühe*
- *5 EL Traubenkernöl*
- *2 Äpfel*
- *Mehl*
- *1 EL gehackte Petersilie*
- *1 kg mehlig kochende Kartoffeln*
- *100 g Butter*
- *Salz, Pfeffer*

Für die Sauce die Kalbsknochen vom Metzger in kleinere Stücke sägen lassen und in einem Bräter mit Öl von allen Seiten gut anrösten. Tomatenmark hinzugeben und nochmals gut anrösten. Das in Scheiben oder Würfel (1-2 cm groß) geschnittene Gemüse zugeben und gut anbraten. 1/8 l Apfelbrand Rubinette hineingießen und flambieren (Vorsicht, es könnte eine Stichflamme geben!). Alles mit 2-3 EL Mehl bestäuben, umrühren und Rotwein und Brühe zugeben. Das Ganze ca. 1/2 Std. köcheln lassen, ab und zu umrühren. Lorbeer, Wacholder, Thymian und Rosmarin mitkochen. Den Inhalt des Bräters durch ein Sieb passieren und die Sauce einreduzieren. Mit Salz und Pfeffer abschmecken.

Kartoffeln schälen, vierteln oder achteln und in Salzwasser mit etwas Butter weich kochen. Beim Anrichten auf dem Teller mit zerlassener Butter nappieren und mit Petersilie bestreuen.

Äpfel schälen, in Scheiben schneiden und mit Butter golden braten. Mit 1/8 l Apfelbrand Rubinette ablöschen und flambieren. Kalbsleberscheiben mehlieren und in einer Pfanne mit jeweils 2 EL Butter und Traubenkernöl auf beiden Seiten jeweils ca. 1 Min. braten. Mit Salz und Pfeffer würzen.

Die Sauce kann auch zu Kalbsbraten oder Kalbsschnitzel serviert werden.

Rehragout mid Bergemer Greäsewasser

[Rehragout mit Oberbergener Kirschwasser]

- *1 kg Rehfleisch von Hals und Schulter*
- *1 Karotte*
- *2 Zwiebeln*
- *4 Lorbeerblätter*
- *1 Zweig Thymian*
- *1 Zweig Rosmarin*
- *4 Knoblauchzehen*
- *1 TL zerdrückter Pfeffer*
- *1 l Spätburgunder Rotwein*
- *1 l Brühe*
- *4 EL Traubenkernöl*
- *200 g eingelegte Kirschen mit Saft*
- *¼ l Baumgartners Kirschwasser*
- *10 g Butter*
- *½ EL Mondamin*
- *1 Löffel Tomatenmark*
- *2 Löffel Mehl*
- *Salz*

Für das Karottenpüree:

- *500 g Karotten*
- *½ l Gemüsebrühe*
- *2 EL Butter*
- *1 EL Crème fraîche*
- *Pfeffer, Salz*

Fleisch in 3 cm dicke Würfel schneiden und mit Traubenkernöl gut anbraten. Klein geschnittenes Gemüse und Gewürze zugeben. Mit Tomatenmark kurz anbraten, mit Mehl bestäuben und mit Rotwein, Brühe und ⅛ l Kirschwasser ablöschen. Das Ragout ca. ½ Std. leicht köcheln lassen und alles aus dem Topf nehmen.
Fleisch vom Gemüse trennen. Sauce passieren, Fleisch wieder zugeben und leicht kochen, bis es weich ist. Die Garzeit ist vom Alter des Rehs abhängig (ca. ½ bis 1 Std.).

Sternekoch **Anibal Strubinger,** Chef de Cuisine im Schwarzen Adler, Vogtsburg-Oberbergen, lässt sich gerne von Fridolin Baumgartners Edelbränden „be-geistern".

Kirschen mit etwas Butter dünsten, nach Belieben eine Prise Zucker dazugeben und mit dem restlichen Kirschwasser und etwas Kirschsaft aufkochen. Mondamin zur Bindung mit etwas Kirschsaft anrühren und unterrühren.

Karotten mit Gemüsebrühe und 1 EL Butter zugedeckt weich kochen. Pürieren, Crème fraîche und 1 EL Butter mit dem Schneebesen einrühren, würzen. Mit zwei Löffeln Nocken ausstechen und zusammen mit Spätzle und Kirschen zum Rehragout servieren.

Dieses Rezept eignet sich auch für Rehrückenfilets oder Rehfleisch von der Keule. In diesem Fall setzt man die Sauce mit Rehknochen an. Als Beilagen kann man auch Kartoffelpüree, Schupfnudeln und Rotkohl reichen.

Be-geischderdi Fischrellili

[Be-geisterte Fischröllchen]

- *8 kleine Fischfiletsw (z. B. Merlan)*
- *100 g Frischkäse*
- *frische Bärlauchblätter*
- *1 EL Traubenkernöl*
- *1 EL feine Haferflocken*
- *Salz, Pfeffer*
- *2 Karotten*
- *1 kl. Lauchstange*
- *20 g Butter*
- *Gemüsebrühe*
- *bunte Blattsalate (z. B. Rucola, Radicchio, Chicorée, Eisbergsalat, Löwenzahn)*
- *Baumgartners Bärlauchgeist*

Karotten schälen und 8 kleine Stücke (so breit wie ein Fischfilet) zuschneiden, in Gemüsebrühe vorgaren. Lauch waschen. Davon der Länge nach mind. 10 Streifen à ca. 1/2 cm Breite schneiden und mit kochendem Wasser überbrühen. Fischfilets abwaschen und leicht würzen.
Bärlauchblätter sehr gut abwaschen. Nach Belieben ca. 15 Blätter mit Traubenkernöl zerkleinern und mit Frischkäse mischen. Haferflocken zugeben und abschmecken. Fischfilets mit der Masse bestreichen und mit weiteren Bärlauchblättern belegen. Die Karotte an den Anfang legen und den Fisch aufrollen. Mit dem grünen Teil des Lauchstreifens zusammenbinden und verknoten. Restlichen Lauch mit einer Schere schräg abschneiden.
Butter in einer Pfanne erwärmen und die Fischröllchen leicht anbraten. Mit wenig Gemüsebrühe ablöschen und ca. 10 Min. zugedeckt dünsten. Restlichen Lauch und Karotte in kleine Rauten schneiden und mitgaren.

Blattsalate waschen und klein rupfen oder schneiden, mit einer Essig-Öl-Sauce marinieren und auf Teller portionieren. Die fertigen Fischröllchen zum Salat setzen, Karotten- und Lauchstückchen darüber verteilen. Das Gericht mit Bärlauchgeist aus dem Zerstäuber „be-geistern“ und sofort servieren. Dazu Vollkornstangen, Oliven- oder Nussbrot reichen.

Hefeschnaps für zarte Haut

Sibylle Breisacher *Ihringen*

Als passionierte Brennerin schätzt sie die alten, hohen Bohnäpfel im Obstgarten, aber besonders stolz ist sie auf die Maulbeerbäume, aus deren Früchte sie einen seltenen Schnaps brennt. Und auch die Streuobstwiesen außerhalb

des Dorfes, auf denen sogar wilde Orchideen gedeihen, sind Naturparadiese, in denen die Breisachers beste Früchte für Schnaps und Saft ernten.

Sie ist eine waschechte Ihringerin. Nicht nur, weil sie in diesem Dorf geboren wurde, sondern weil ihr Herz für die Natur schlägt und sie mit ihrer fröhlichen Art ein Händchen für die schönen Dinge des Lebens hat.

Wer durch das als Weinfass gestaltete Hoftor in der Wasenweilerstraße 26 geht, betritt eine Welt, die idyllischer nicht sein könnte. An den kleinen Winzerhof schließt sich ein 3.500 qm großer, parkähnlicher Naturgarten an, den Sibylle und Hans Breisacher in den letzten 30 Jahren zu einem Schmuckstück gestaltet haben. Immer zum Frühlingserwachen, am letzten Samstag im Mai und am dritten Wochenende im Oktober laden die beiden im Rahmen der „Offenen Gartentür" zum Besuch ihres kleinen Paradieses ein. Dann kann man einheimische und exotische Stauden bestaunen, barfuß über die Obststeine und Trester des „Brennerwegs" laufen oder an einem der verträumten Sitzplätze verweilen.

Ihr Handwerk hat Sibylle Breisacher in jungen Jahren vom Vater gelernt, der immer sagte, dass man beim Brennen „nit huddle derf", sich also viel Zeit nehmen muss. Schöne Erinnerungen verbindet sie an diese Jahre. So kam immer ein vornehmer Herr aus Freiburg angereist, der Hefeschnaps nicht zum Trinken, sondern zum Einreiben seiner Haut kaufte, die immer wunderbar zart war.

Apropos Hefeschnaps: Als Sibylle Breisacher einmal für Gäste kochte, griff sie versehentlich zur Hefeschnapsflasche. Dass ein vorzügliches Rindergulasch dabei herauskam, davon kann man sich mit ihrem Rezept überzeugen.

Kaiserschdiähler Kraftdrunk

[Kaiserstühler Krafttrunk]

- *1 l naturtrüber Apfelsaft von der Streuobstwiese*
- *1/10 l Breisachers Apfelbrand (42 % vol.) von der Streuobstwiese*

Apfelsaft mit dem Apfelbrand in einen Krug oder Becher geben, gut mischen, fertig! Nach Belieben kann mehr oder weniger Apfelbrand zugegeben werden.

Drimmligä Sunnewirbili

[Beschwipster Feldsalat]

- *200-250 g Feldsalat, geputzt*

Für die Marinade:

- *2 EL Obst- oder Apfelessig*
- *Salz, Pfeffer aus der Mühle*
- *etwas Senf*
- *1 Prise Zucker*
- *1 Schalotte*
- *2-3 EL Breisachers Bohnapfelbrand, im Eichenfass gereift*
- *2 EL Rapsöl*

Zutaten im Schüttelbecher gut vermengen, über den Salat geben. Zur Verfeinerung geröstete Brotwürfel oder geröstete Sonnenblumenkerne darüber geben.

Scharf's Wiihäffe-Rindergülasch mid Gridderschbädzli

[Scharfes Weinhefe-Rindergulasch mit Kräuterspätzle]

- *600 g Rindergulasch*
- *2 EL Öl*
- *1 Zwiebel, in Ringe geschnitten*
- *Salz, Pfeffer aus der Mühle, Paprikapulver*
- *1-2 TL Peperoni, gemahlen*
- *1 EL Tomatenmark*
- *¾ l Brühe*
- *¼ l Breisachers Weinhefebrand*
- *je 2 Zweige Thymian und Salbei*
- *2-3 TL Speisestärke*

Für die Kräuterspätzle:
- *500 g Mehl (Type 550)*
- *5 Eier*
- *1 TL Salz*
- *⅛ l Wasser*
- *Kräuter (z.B. Schnittlauch, Petersilie, Giersch, Oregano, Maggikraut, Zitronenmelisse)*

Rindergulasch im Weinhefebrand und mit Thymian und Salbei ca. 2 Std. marinieren. Herausnehmen, gut trocken tupfen und scharf in Öl anbraten. Zwiebel, Gewürze und Tomatenmark (Vorsicht, brennt schnell an!) zugeben. Mit Brühe und Marinade ablöschen, 40-50 Min. leise köcheln. Restlichen Weinhefebrand zugeben, mit Speisestärke binden. Nochmals kurz aufkochen.

Eier, Wasser, Salz und grob geschnittene Kräuter in einen Mixer geben, gut durchmixen. Masse über das Mehl geben und einen glatten Teig bereiten. Spätzleteig in eine Presse füllen, in kochendes Salzwasser drücken. Sobald sie hochkommen, Spätzle herausnehmen, abschrecken und mit flüssiger Butter servieren.

I'g'legde Kaas'

[Eingelegter Käse]

- *Verschiedene Käsesorten (z.B. Emmentaler, Bergkäse, Camembert)*
- *Breisachers Gewürztraminer-Tresterbrand*
- *grüne Pfefferkörner*
- *3-4 Salbeiblätter*

Käse in ca. 4-5 cm große Würfel bzw. Ecken schneiden, in ein verschließbares Glas geben. Mit Gewürztraminer-Tresterbrand auffüllen. Pfefferkörner und Salbeiblätter dazugeben, verschließen. 10-14 Tage im Kühlschrank ziehen lassen. Dazu passt ein frisches Bauernbrot.

Reste eines Käsebuffets können auf diese Weise prima haltbar gemacht und verwertet werden.

Müülbeer-Dessert

[Maulbeer-Dessert]

- *250 g Mascarpone*
- *200 g Frischkäse*
- *1 kl. Becher Naturjoghurt*
- *200 g Sahne*
- *1 Pck. Sofortgelatine*
- *400 g Maulbeeren*
- *4-6 EL Breisachers Maulbeerbrand*
- *70 g Zucker*
- *1 Pck. Vanillezucker*

Sahne steif schlagen. Mascarpone, Frischkäse, Joghurt, Zucker, Maulbeerbrand und Sofortgelatine verrühren. Sahne und Maulbeeren unterheben. In Gläser füllen, kühl stellen. Mit Maulbeeren und Minze garniert servieren.

Wo der Freiburger Absinth herkommt

Andreas Dilger *Freiburg*

Ein Weingut mit Brennerei in der Stadt? Auch das gibt es in Freiburg! Mitten im Stadtteil Wiehre, in einem Seitentrakt des historischen Straßenbahndepots, duftet es im Herbst nach den Gäraromen aus dem Weinkeller von Andreas Dilger.

So ungewöhnlich wie die Lage des Öko-Weinguts ist auch das Weinsortiment: Als erster Betrieb in Deutschland hat der Winzer komplett auf sechs pilzwiderstandsfähige Rebsorten wie Solaris, Muscaris oder Regent umgestellt und sich damit bewusst für einen zukunftsfähigen Weinbau im Einklang mit der Natur entschieden.

Angefangen hatte alles vor über 20 Jahren mit einem Obstgarten, den ihm ein alter Winzer damals zur Bewirtschaftung überließ. Gleich nach seinem Studium der Sozialpädagogik stieg Andreas Dilger in den Obst- und Weinbau ein, für den bis heute sein Herz schlägt. Am Schönberg, dem südlichen Hausberg Freiburgs, befinden sich die Rebanlagen und auch die Streuobstwiesen, auf denen der passionierte Brenner Sorten wie Muskatellerbirne, Speierling oder Mispel anbaut.

Andreas Dilger brennt übrigens nur, was ihm persönlich auch schmeckt. Zum Beispiel die Trauben-Tresterbrände „Georges Blanc“ und „Roter Georges“, beide im Eichenfass gereift, Brombeerbrand, seine Spezialität, einen Tresterbrand vom Muscaris, oder seit diesem Jahr auch Absinth. Aber auch in seine Liköre, die er aus Quitten, Mirabellen, Walnüssen oder Wildpflaumen erzeugt, steckt er viel Energie, um seine anspruchsvollen Kunden zu begeistern.

Begegnen kann man der ökologisch erzeugten Vielfalt auf den Wochenmärkten in der Wiehre, im Vauban, bei den Hoffesten im Frühsommer und Herbst, bei den kulturellen Veranstaltungen im Weingut – oder in den Rezepten, die Küchenchef Ben Kindler, ein leidenschaftlicher Vertreter der Bio-Küche, für dieses Buch kreierte.

Flambiert's Summerreh mid Brombeerbrand un' flissig'r Piniekernpolenda

[Flambiertes Sommerreh mit Brombeerbrand und flüssiger Pinienkernpolenta]

- *4 kleine Rehfilets oder ca. 320 g Rehrücken, in 3 cm dicke Balken geschnitten*
- *80 g Butter*
- *1 Zweig Rosmarin*
- *2 Schalotten*
- *2/10 l Dilgers Brombeerbrand*
- *2 Handvoll Brombeeren*
- *2 EL Pinienkerne*
- *130 g Polenta*
- *250 ml Milch*
- *250 ml Sahne*
- *40 g Butter*
- *40 g geriebener Parmesan*
- *Salz, Pfeffer aus der Mühle*
- *gemahlene Muskatblüte*

Rehfilets trocken tupfen und rundherum gut würzen. Währenddessen Milch-Sahne-Mischung für die Polenta zum Kochen bringen. Salz, Pfeffer und gehackte Pinienkerne zugeben. Polenta einrühren, quellen lassen und zum Schluss Parmesan und Butter unterrühren. Kurz stehen lassen. Mit einer Prise gemahlener Muskatblüte abschmecken.

40 g Butter in einer Pfanne schmelzen und leicht braun werden lassen. Rehfilets von beiden Seiten ca. 2-3 Min. anbraten, herausnehmen und abgedeckt ruhen lassen. Brombeeren in die Pfanne geben und mit einer Prise Zucker unter Schwenken ca. 2 Min. leicht karamellisieren. Die restlichen 40 g Butter in die Pfanne geben, Schalottenwürfel und Rosmarinzweig hinzugeben und aufschäumen. Filets in die Pfanne legen. Mit Brombeerbrand ablöschen, mit einem Streichholz sofort anzünden und flambieren.

Polenta in einen tiefen Teller geben. Filets aufschneiden, darauf anrichten, mit Brombeeren und Rosmarin garnieren.

Ofeherdepfel mid Zidrone, Thiemian un' Dreschd'rbrand vum Muscaris

[Ofenkartoffeln mit Zitrone, Thymian und Tresterbrand vom Muscaris]

- *4 große, mehlig kochende Kartoffeln*
- *2 Zitronen, unbehandelt*
- *Fleur de Sel*
- *1 großer Bund Thymian*
- *4 EL Dilgers Tresterbrand vom Muscaris*
- *4 EL Olivenöl*

Muscaris ist eine neu gezüchtete, pilzwiderstandsfähige weiße Rebsorte. Sie wurde am Staatlichen Weinbauinstitut Freiburg aus den Sorten Solaris und Gelber Muskateller gekreuzt.

Kartoffeln gut waschen und mit Schale in ca. 3 mm dicke Scheiben hobeln. Ein Backblech oder eine Form mit Olivenöl bepinseln. Die Kartoffeln in Reihen nebeneinander legen.
Von den Zitronen die Schale abreiben, Thymianblättchen von den Stielen abstreifen und beides mit dem restlichen Olivenöl mischen. Diese Mischung über die Kartoffeln verteilen. Mit Fleur de Sel würzen.
Bei 220° im Ofen knusprig backen (ca. 50 Min.). Kartoffeln herausnehmen und mit dem Tresterbrand in der Form ablöschen. Bei Bedarf mit Salz nachwürzen.

I'g'machdi Zwätschge mid Zwätschgebrand

[Eingemachte Zwetschgen mit Zwetschgenbrand]

- *500 g Zwetschgen, gewaschen, halbiert und entsteint*
- *300 ml Rotwein*
- *300 g Zucker*
- *½ Vanilleschote*
- *1 Zimtstange*
- *2 Gewürznelken*
- *1 dünnes Scheibchen Ingwer*
- *10 cl Dilgers Zwetschgenbrand*
- *unbehandelte Schale von ½ Zitrone und ½ Orange, jeweils in 1-cm-Streifen geschnitten*

Zwetschgen in ein Einmachglas geben. Alle Zutaten, bis auf die Zitronen- und Orangenschale und den Zwetschgenbrand, miteinander aufkochen und über die Zwetschgen geben. Zitronen- und Orangenschale ins Glas geben und mit dem Zwetschgenbrand auffüllen. Gut verschließen und im Wasserbad einkochen. Mindestens 4 Wochen im Einmachglas ziehen lassen.

Schmeckt vorzüglich zu Desserts wie Vanilleeis, Panna cotta oder Pudding, aber auch zu Wildgerichten.

Ben Kindler ist Inhaber und Chef de Cuisine von bensels – Biocatering & Kochschule und betreibt das Bio-Feinkostgeschäft „Die Speisekammer" in Freiburg. In Andreas Dilger hat er einen Partner für hochwertige Edelbrände gefunden.

Entweder richtig oder „bleibe lasse“

Florian Faude *Bötzingen*

Seine Uroma Klara aus dem schwäbischen Dörfchen Benningen hat es ihm wohl in die Wiege gelegt, dass er an brütend heißen Sommertagen statt ins Schwimmbad in die Sauerkirschen geht, um dort die Grundlage für seinen beliebten Likör zu ernten.

In der Tat ist der gelernte Winzer und Brenner Florian Faude, der sich gern als „Überlebenskünstler“ bezeichnet, erfrischend anders als viele seiner Altersgenossen. Seit seine Familie in einen alten Bötzinger Bauernhof mit Brennrecht zog, haben es ihm die Edelbrände angetan. Bereits seit seinem 19. Lebensjahr steht er am Brenngeschirr, und seit seiner Ausbildung zur Fachkraft für Brennereiwesen arbeitet er auf einem Niveau, das ihm schon früh Prämierungserfolge auf der „Destillata“ bescherte.

Einen „Faude“ erkennt man daran, dass er die Dinge, die er anpackt, entweder richtig macht oder gleich bleiben lässt. Mit dieser Philosophie schafft Florian Faude den Spagat, bodenständig bäuerliche Tradition mit den Ansprüchen eines urbanen Publikums in Einklang zu bringen. Sein junger, Design-orientierter Auftritt kündet von der Lust, Produkte zu kreieren, die in die Zeit passen. In die Flasche packt der Bötzinger mit den schwäbischen Wurzeln jedoch am liebsten die Geister der alten Obstsorten, die schon seine Uroma schätzte: Boskoop, Kaiser Wilhelm, Goldparmäne und Gewürzluike heißen seine Äpfel, und bei den Birnen greift er gern auf das Stuttgarter Geißhirtle, die österreichische Weinbirne oder die zitronengelbe Mostbirne zurück.

Nicht nur in Berlin und im Restaurant von Johann Lafer, sondern auch in „Merkles Rebstock“ in Endingen und in der Freiburger Hemingway Bar schätzt man die Brände und Liköre „vom Faude“. Thomas Merkle und Boris Gröner hat es jedenfalls sichtlich Spaß gemacht, für dieses Buch zu experimentieren...

Uffene' Raviolo mid Flusskräbsli üs'm Currysud un' Fench'l in Epfel-Ingwer-Liggeer

[Offener Raviolo mit Flusskrebsen aus dem Currysud und Fenchel in Apfel-Ingwer-Likör]

- *150 ml Fischfond*
- *80 g Butterwürfel*
- *50 ml Weißwein*
- *50 ml Noilly Prat*
- *2 Knoblauchzehen, fein gewürfelt*
- *2 Schalotten, fein gewürfelt*
- *50 g frischer Ingwer, fein gewürfelt*
- *3 Stangen Zitronengras, in Stücke geschnitten*
- *5 Limonenblätter*
- *2 EL Curry*
- *10 g frischer Curcuma, fein gerieben*
- *50 ml Faudes Apfel-Ingwer-Likör*
- *24 ausgebrochene Flusskrebsschwänze*
- *½ Granny Smith Apfel*

Für das Fenchelgemüse:

- *16 hauchdünne Fenchelscheiben*
- *50 ml Faudes Apfel-Ingwer-Likör*
- *1 TL Honig*
- *1 Prise Meersalz*

Für den Fenchelfritt:

- *4 Fenchelscheiben*
- *Mehl, Fett zum Frittieren*

Schalotten, Knoblauch, Ingwer, Zitronengras und Limettenblätter in Butter anschwitzen, mit Currypulver bestäuben. Mit Noilly Prat und Weißwein ablöschen, reduzieren lassen und mit Fischfond auffüllen. Curcuma zum Fond geben, ca. 30 Min. ziehen lassen. Flusskrebsschwänze kurz darin erwärmen. Sauce passieren und auf die gewünschte Konsistenz einkochen. Vor dem Servieren Likör zugeben und die Sauce aufmixen.

Für das Fenchelgemüse die rohen Scheiben mit Meersalz verkneten und ca. 5 Min. ziehen lassen. Mit der Hand leicht auspressen und Fond abschütten. Fenchelscheiben mit Honig und Likör marinieren und kurz vor dem Servieren leicht erwärmen.

Für den Fenchelfritt die Scheiben in dünne Streifen schneiden, mit Mehl bestäuben, etwas abklopfen und im heißen Fett nicht zu dunkel ausbacken. Pro Person zwei Nudelblätter (als Boden ein helles, oben drauf ein gestreiftes) mit Flusskrebsen, Fenchelgemüse und Sauce anrichten und mit Fenchelfritt und feinen Apfelstreifen garnieren.

Nudelrezept: 100 g Nudelmehl, 100 g feinen Grieß, 2 Eigelb und 1 EL Olivenöl mischen und zu einem glatten Teig kneten, 1 Std. ruhen lassen. Ein Drittel des Teiges wegnehmen und mit 1 Pck. schwarzer Sepia-Tinte mischen (bei Bedarf etwas Mehl hinzufügen). Beide Teige ca. 1 mm ausrollen. Die schwarze Teigplatte in feine Streifen schneiden. Schwarze Nudelstreifen in 1-cm-Abständen auf die helle Teigplatte legen, leicht andrücken. Nochmals auf 1 mm durch die Nudelmaschine lassen. Die gleiche Anzahl heller und gestreifter Nudelblätter rund ausstechen, 2-3 Min. in Salzwasser kochen. In einem 1:1-Gemisch aus Butter und Gemüsefond glasieren.

Kalbsfilet mid Gänsestopfläwere, Zällrichwirfel un' laggierde Greäse

[Kalbsfilet mit Gänsestopfleber, Selleriewürfeln und lackierten Kirschen]

- *2 Kalbsfilet-Mittelstücke à 300 g, vakuumiert*
- *4 Scheiben Gänsestopfleber, erste Qualität zum Braten*
- *1 Zweig Thymian*
- *50 g Butter*
- *Salz, Pfeffer, Öl*

Für das Selleriegemüse:
- *200 g Selleriewürfel, fein geschnitten und blanchiert*
- *100 ml Sahne*
- *Salz, Pfeffer*
- *etwas Selleriegrün*

Für die lackierten Kirschen:
- *12 Kirschen mit Stiel*
- *80 ml Faudes Sauerkirschlikör*
- *10 ml Faudes Sauerkirschbrand*
- *50 g Butterwürfel*

Kalbsfilet im Vakuumbeutel im Wasserbad bei konstant 60° 30 Min. garen, herausnehmen und ruhen lassen. Aus dem Beutel nehmen, in der schäumenden Butter mit dem Thymian anbraten und würzen. Gänsestopfleberscheiben kurz vor dem Servieren in einer heißen Pfanne in Öl braten.

Für das Gemüse die Sahne in einen Topf geben, mit Salz und Pfeffer abschmecken und etwas einkochen lassen. Selleriewürfel und das geschnittene Grün zugeben und nochmals abschmecken.

Sauerkirschlikör und -brand in einem Topf zusammen reduzieren lassen, bis eine sirupartige Konsistenz entsteht. Die Reduktion vom Herd nehmen und die Butterwürfel langsam einmontieren. Kirschen zugeben und leicht erwärmen, aber nicht mehr kochen. Alles zusammen anrichten.

Sternekoch **Thomas Merkle,** Inhaber von „Merkles Restaurant" in Endingen, lässt sich von Florian Faudes Bränden zu neuen Kreationen inspirieren.

Quitte Crusta

- *1 Orange, unbehandelt*
- *Zucker*
- *Orangensaft*
- *3 cl Faudes Quittenbrand*
- *2 cl Cointreau*
- *2 cl Maraschino*
- *2 cl Limettensaft*
- *2 Spritzer Orangenbitter*
- *Eiswürfel*

Mit einem Messer eine 4 cm breite Zeste von der Orange abschneiden. Den Rand eines gut vorgekühlten Glases mit etwas Orangensaft befeuchten und in einen Teller mit Zucker tauchen. Die Zeste im Glas drapieren.

Quittenbrand, Cointreau, Maraschino, Limettensaft und Orangenbitter in einen Shaker geben, mit Eiswürfeln auffüllen. Den Shaker 10- bis 15-mal schütteln, anschließend den Inhalt in das Glas abseihen.

Boris Gröner, Bartender in der Freiburger Hemingway Bar, arbeitet gern mit Hochprozentigem von Florian Faude und kreierte diesen Drink eigens für dieses Buch.

Whisky auf die Schwarzwälder Art

Walter Fitzke *Herbolzheim-Broggingen*

Das Produktverzeichnis der Kleinbrennerei Fitzke liest sich wie ein Nachschlagewerk regionaler Obstsorten. Nach solch einer Vielfalt sortenreiner Edelbrände, von der „Ammele“ bis zum „Zibärtle“, sucht man lange, und man findet sie schließlich in der 760-Seelen-Gemeinde Broggingen am Rande des Schwarzwalds.

Schon vor vielen Jahren hat Walter Fitzke seinen Verwaltungsjob gegen den Obstbau eingetauscht, den er mit viel Liebe und im Einklang mit der Natur betreibt. So finden sich auf den Obstwiesen der Familie auch Raritäten wie die Nägelesbirne, Hanauer Gewürzbirne, Wahlsche Schnapsbirne, Haferpflaumen oder Graf Althanns Renekloden, die hoch aromatische Destillate ergeben. Seit 2004 widmen sich Walter und Edith Fitzke einer für die Region einzigartigen Leidenschaft: dem Brennen von Whisky. Fachleute bestätigen dabei immer wieder, dass die Fitzkes das weltweit vielfältigste Angebot an Whiskys erzeugen. Ihre „Schwarzwälder Whiskys“ werden aus dem Malz von Gerste, Weizen, Dinkel, Roggen, Hafer und Emmer, aber auch aus Mais, Hirse und Buchweizen gebrannt. Im Gegensatz zu den Klassikern aus Schottland ist der deutsche Whisky der Fitzkes bereits nach vier Wochen im Holzfass genussreif und kommt schon nach der gesetzlich vorgeschriebenen Mindestlagerzeit von drei Jahren in den Verkauf. Daneben beweist der rührige Brenner mit Spezialitäten wie weißem Absinth, Wodka sowie Bränden vom Kümmel, Blutwurz, Reis und Bier sein Können, das die Fitzkes auf Weihnachtsmärkten in Berlin und besonders gern interessierten Gruppen im Rahmen von Verkostungen präsentieren.

Kassler mid fräche Frichdli

[Kassler mit frechen Früchtchen]

- *1 ½ kg Kassler (vom Schweinerücken oder -hals)*
- *8 Ananasscheiben*
- *8 Pfirsich- oder Birnenhälften*
- *Preiselbeeren*
- *500-700 g Zwiebeln*
- *Butter*
- *Fitzkes Schwarzwälder Whisky*

Zwiebeln schälen, in der Mitte teilen und in dünne Halbringe schneiden. In einer Pfanne mit Butter glasig bis goldgelb dünsten, zur Seite stellen. Backofen auf ca. 160° (Umluft) vorheizen. Das Kassler von den Knochen ablösen und in acht etwa 15 mm dicke Scheiben schneiden. Die Scheiben von beiden Seiten in Butter kurz anbraten und auf ein leicht gefettetes Backblech setzen. Auf jede Scheibe eine Ananashälfte und eine Pfirsich- oder Birnenhälfte legen. Mit Preiselbeeren bedecken. Zwiebeln gleichmäßig um die Kasslerstücke verteilen. Mit dem Saft der Früchte das Ganze aufgießen und für ca. 30 Min. im Backofen garen. Am Ende der Garzeit etwas Whisky über die Preiselbeeren gießen.

Dazu Weiß- oder Toastbrot reichen.

Breesili-Creme mid Pflümebrand

[Krümel-Creme mit Pflaumenbrand]

für 4-6 Personen

- *150 g Kekse oder trockener Kuchen*
- *4 EL Apfelsaft*
- *1 Pck. Vanillepudding*
- *300 ml Milch*
- *3 EL Zucker*
- *250 g Magerquark*
- *200 g Joghurt, 1,5 % Fett*
- *200 g Schlagsahne*
- *2 gehäufte TL Puderzucker*
- *ca. 500 g Früchte der Jahreszeit (z. B. Sauerkirschen)*
- *3 EL Fitzkes Pflaumenbrand*

Pudding mit Milch und 2 EL Zucker zubereiten, abkühlen lassen, ab und zu umrühren. Früchte putzen, mit 1 EL Zucker und 1 EL Schnaps mischen und durchziehen lassen. (Tipp: Bei Sauerkirschen oder Johannisbeeren die Früchte mit wenig Wasser erhitzen, mit Mondamin andicken, etwas abkühlen lassen und dann den Schnaps zugeben).

Kekse oder Kuchen grob zerkrümeln. Apfelsaft und 2 EL Schnaps vermischen und über die Krümel gießen, ab und zu durchmischen.

In den ausgekühlten Pudding den Quark und Joghurt am besten mit dem Pürierstab einrühren, bis die Masse homogen ist. Sahne mit Puderzucker steif schlagen und unter die Pudding-Quark-Masse heben. Die Masse abwechselnd mit den Kekskrümeln und Früchten in eine Glasschüssel oder Dessertbecher schichten.

Süürgreäseliggeer

[Sauerkirschlikör]

- *750 g entsteinte frische Sauerkirschen*
- *750 ml Fitzkes Schwarzwälder Kirschwasser 70 % vol.*
- *125 ml trockener Rotwein*
- *120 g brauner Kandiszucker*

Sauerkirschen entsteinen, 10 % der Kirschsteine zerquetschen und beides mit dem Kirschwasser in einem verschließbaren Glasgefäß 2-3 Wochen ansetzen, danach mit einem Seihtuch abpressen (ergibt ca. 1 l). Nach einer weiteren Reifezeit von ca. 2 Wochen diesen Ansatz durch einen Likörfilter (Papierfilter) filtrieren. Kandiszucker im Rotwein auflösen und den Likör damit süßen.

Schwarzwälder Whiskyliggeer mid Zwätschge

[Schwarzwälder Whiskylikör mit Zwetschgen]

- *1 kg entsteinte Zwetschgen*
- *200 g Zucker*
- *1 Zitrone*
- *Pektinenzym**
- *300 ml Fitzkes Schwarzwälder Whisky 75 % vol.*

* *erhältlich im Fachhandel für Brennerei- und Kellereibedarf*

Die ausgepresste Zitrone in wenig Wasser schwach erwärmen und die entsteinten Zwetschgen zugeben. Pektinenzym nach Herstellerangaben zusetzen und 20 Min. auf 40° erwärmen.
Den Ansatz durch ein Seihtuch filtrieren und durch Kochen auf etwa 700 ml reduzieren.
Zucker zugeben und nochmals kurz aufkochen. Nach dem Abkühlen durch einen Likörfilter (Papierfilter) filtrieren und mit dem Whisky mischen.

Von der Natur lernen

Christel und Arno Gerhart *Sasbach-Jechtingen*

Obwohl sie lieber in die Reben als in eine Prüfung geht, absolvierte sie als eine der ersten Frauen im Jahre 2002 die Ausbildung zur staatlich geprüften Fachkraft für Brennereiwesen in Offenburg. Christel Gerhart war einfach fest dazu entschlossen, ihr theoretisches und praktisches Know-how im Destillieren zu erweitern, dem sie sich gemeinsam mit ihrem Mann Arno seit vielen Jahren leidenschaftlich widmet. Dass es nun seit fast zehn Jahren überhaupt die Möglichkeit zu dieser Ausbildung in Baden gibt, ist größtenteils ihrem Wissensdurst und Drängen zu verdanken.

Die in der dritten Generation betriebene Hausbrennerei von Christel und Arno Gerhart zählt heute zu den ersten Adressen für edle Brände und Liköre vom Kaiserstuhl. Die innige Beziehung zur Natur und der sorgsame Umgang damit spiegeln sich darin wider. Nur vollreifes, gesundes Obst gelangt nach sorgfältigem Vergären in die kupferne Brennblase, wo es zu feinsten Destillaten veredelt wird.

Zu den Spezialitäten des Hauses gehören der am Kaiserstuhl selten anzutreffende „Topinambur", ein Birnenbrand vom Kaiserstühler „Subirli" und natürlich der „Williams Gold", ein mildes, golden schimmerndes Geschmackserlebnis.

Während ihr Mann der „Macher" im „Brennhisli" ist, kümmert sich Christel Gerhart vorwiegend um die Abfüllung und Vermarktung der Destillate. Nebenbei ist sie seit 1996 als Mitglied der Prüfungskommission beim Badischen Kleinbrennerverband tätig. Die vielfältigen Aromen, denen sie dort begegnet, begeistern sie jedes Mal aufs Neue. Als

leidenschaftliche Köchin verwendet sie mit Vorliebe ihre eigenen Destillate, um die Eigenaromen der Speisen hervorzuheben und zu verstärken. Einige ihrer Rezepte, die sie selbst entwickelt und ausprobiert hat, verrät sie hier gerne.

Tobinambursibbli mid Tobinamburschdiggs

[Topinambursüppchen mit Topinambursticks]

- *6-8 Knollen Topinambur*
- *½ l Gemüsebrühe*
- *Salz*
- *¼ l Sahne*
- *1 cl Gerharts Topinamburdestillat*

Für die Topinambursticks:

- *100 g Topinambur*
- *ca. ½ l Öl*
- *Salz*

Topinamburknollen bürsten, in Stücke schneiden und im Gemüsefond garen. Pürieren, würzen und mit flüssiger Sahne legieren.

Den Topinambur für die Sticks bürsten und schälen. Mit dem Gemüsehobel feine Stifte schneiden. In kleinen Portionen in der Friteuse oder Pfanne im Öl knusprig anbraten, salzen.

Die Suppe mit dem Topinamburdestillat abrunden und mit den Sticks obenauf servieren.

Lewezahnsalad mid Epfelbrand

[Löwenzahnsalat mit Apfelbrand]

- *200 g frische, junge Löwenzahnblätter*
- *etwas Knoblauchrauke*
- *½ Zwiebel*
- *50 g geräucherter Speck*
- *1 Schuss Essig*
- *2 EL Distelöl*
- *Salz*
- *1 Spritzer Gerharts Apfelbrand*

Löwenzahn putzen und waschen. Speck fein würfeln und in der Pfanne auslassen. Gewürfelte Zwiebel hinzufügen. Mit Essig ablöschen und warm über den Löwenzahn geben. Öl hinzugeben und den Salat am besten mit den Händen gut „durchkneten". Nach Belieben salzen und mit Apfelbrand besprühen.

Brood'n's Ziggli mid Wiidreschd'rsoß, Schbinad un' Dampfherdepfel

[Gebratenes Zicklein mit Weintrestersauce, Spinat und Dampfkartoffeln]

- *ca. 1,5 kg Schulter und Keule vom Zicklein*
- *2 Knoblauchzehen*
- *Salz, Pfeffer aus der Mühle*
- *400 g Röstgemüse, in Würfel geschnitten (Zwiebeln, Petersilienwurz, Karotten)*
- *50 g Bratfett*
- *1 Thymianzweig*
- *½ l Bouillon*
- *Stärkemehl*
- *2 cl Gerharts Weintresterbrand, im Eichenfass gereift*

Für den Frühlingsspinat:

- *1 kg frischer Spinat*
- *Salz*
- *Butter*
- *1 Knoblauchzehe*

Schulter und Keule mit Salz und Pfeffer einreiben. Fleisch im Bräter mit Röstgemüse und geschältem Knoblauch anbraten. Mit Bouillon aufgießen, Thymianzweig darauf legen, zudecken und langsam im Backofen bei ca. 160° 1,5 bis 2 Std. schmoren. Fleischstücke herausnehmen. Für die Sauce den Bratenfond durchkochen, leicht mit Stärkemehl abziehen und mit dem Tresterbrand verfeinern.

Spinat waschen und entstielen. In Salzwasser flott kochen, sehr gut abtropfen. Knoblauch fein schneiden, in Butter kurz anschwitzen und über den Spinat geben. Das Zicklein in Tranchen mit Sauce, Spinat und Dampfkartoffeln servieren.

A'g'heiderd's Sunndigsdessert

[Beschwipstes Sonntagsdessert]

- *300 g Erdbeeren*
- *200 g Quark*
- *120 g Zucker*
- *4 cl Gerharts Erdbeerlikör*
- *50 g Sahne*
- *9 Blatt Gelatine*

Erdbeeren fein würfeln und ca. 2 Std. mit Erdbeerlikör marinieren. Die Hälfte mit Quark und Zucker fein pürieren. Eingeweichte Gelatine im Wasserbad kurz erwärmen und der Frucht-Quark-Masse zugeben, gut unterarbeiten. Zum Schluss restliche Erdbeeren und geschlagene Sahne vorsichtig unterheben. Das Ganze in Gläser oder Förmchen geben, die mit kaltem Wasser ausgespült sein sollten. Ca. 2. Std. gut durchkühlen. Individuell garnieren.

Nach Belieben kann man eine Rhabarbersauce dazu reichen: 2 Stängel Rhabarber in kleine Streifen schneiden. In 1/8 l feinem Weißwein ca. 5 Min. köcheln lassen. Mit Zucker nach Belieben abschmecken.

Den Rum aus der Küche verbannt

Klara Glatz *Freiamt-Ottoschwanden*

Frohnatur, Powerfrau, Allrounderin – für Klara Glatz gäbe es viele Namen, doch am liebsten ist es ihr, wenn man sie „Klärle“ nennt.

Jeden Tag von sieben bis fünf einfach nur einem Bürojob nachzugehen, ist Klara Glatz noch nie in den Sinn gekommen. Als echtes „Freiämter Mädel“ und zweifache Mutter ist sie Herz und Seele des Buckhofs, auf dem sie mit ihrem Mann Markus und 15 Mitarbeitern ein Unternehmen für Garten- und Landschaftsbau betreibt.

Zehn Hektar Grünland umgeben den historischen Bauernhof, um dessen „Mahd“ sich eine kleine Herde robuster schottischer Hochland-Rinder kümmert. Und hier, auf den saftigen Schwarzwaldwiesen, sind auch die 154 Hochstamm-Obstbäume von Klara Glatz zu Hause: Birnen, Äpfel, Kirschen, Mirabellen, Zwetschgen und Wagenstadter Pflaumen. Schon seit 25 Jahren sammelt die rührige Freiämterin, die auch im Vorstand des örtlichen Landfrauenvereins ist, die Früchte sorgsam für ihre Brennerei, die ihr der Großvater hinterlassen hat.

Genau so passioniert wie dieser, jedoch mit einer Ausbildung zur Fachkraft für Brennereiwesen, pflegt sie die Destillation klassischer Schwarzwälder Spezialitäten, um das Regionale zu erhalten. Ihre Gesellenarbeit schrieb sie – von manchen anfangs skeptisch beäugt – ausgerechnet über Erdbeerbrand. Seither hat diese Rarität einen festen Platz im Sortiment, neben Likören von einheimischen Beeren, Himbeergeist, Kräuterbrand und einer absoluten Besonderheit: Schnaps vom Trester der Streuobstäpfel.

Natürlich wird in „Klärles“ Küche auch viel gebacken. Ganz automatisch greift sie dann zum Obstbrand oder Likör statt zum Rum. Schließlich ist Klara Glatz offiziell auch als „Botschafterin für ländliche Genüsse“ im Namen der Landfrauen unterwegs. Und das lebt sie täglich.

Kornelgreäse-Liggeer

[Kornelkirschen-Likör]

- *600 ml Saft von der Kornelkirsche, selbst erzeugt aus ca. 1500 g Rohware*
- *220 ml reiner Alkohol (96 % vol.)*
- *ca. 2 EL Pektinenzym**
- *100 ml Invertzucker (Brennerei-/Kellereibedarf oder selbst gekocht)*
- *50 g Trockenglukose**
- *etwas Zitronensäure**

** erhältlich im Fachhandel für Brennerei- und Kellereibedarf*

So mancher Kornelkirschenbaum in öffentlichen wie privaten Anlagen wird irrtümlich als Ziergehölz abgetan, das man den Vögeln überlässt. Dabei wird nicht berücksichtigt, dass die ovalen, bei Vollreife weichen, leicht säuerlich schmeckenden Früchte dieses Wildobstbaums problemlos essbar sind und mit 70 bis 120 mg pro 100 g so viel Vitamin C wie keine andere Steinobstart enthalten. Das Holz der Kornelkirsche ist übrigens so schwer, dass es im Wasser sinkt. Es ist das härteste in Europa wachsende Holz.

Reife Kornelkirschen waschen und evtl. etwas quetschen (dann können die Früchte den Saft am besten abgeben). Pektinenzym mit etwas Wasser vermischen, zu den Kirschen geben und gut umrühren. Das Ganze ca. 3 Std. stehen lassen, immer wieder rühren. Alles in einen Faltenfilter gießen und den ganzen Saft filtrieren.

Invertzucker und Trockenglukose unterrühren (von Vorteil ist, wenn der Invertzucker Zimmertemperatur hat, damit er sich gut auflöst). Alkohol unterrühren und noch eine gute Messerspitze Zitronensäure zugeben.

Der so zubereitete Likör ist sofort zum Genießen geeignet. Er braucht nicht gelagert zu werden.

Zwetschgegüüds mid karamellisierde Walniss' un' Zwetschgewässerli

[Zwetschgenmarmelade mit karamellisierten Walnüssen und Zwetschgenwässerle]

- *1 kg Zwetschgen (entsteint gewogen)*
- *1 kg Gelierzucker oder alternativ 500 g Gelierzucker (2 : 1)*
- *Saft von 1 Zitrone*
- *80 g Walnüsse*
- *2 EL Zucker*
- *2 EL Klaras Zwetschgenwässerle*

Zwetschgen, Gelierzucker und Zitronensaft unter Rühren zum Kochen bringen und 6 Min. kochen. Walnüsse grob zerkleinern und ohne Fett leicht anrösten. Zucker darüber streuen und erhitzen, bis er schmilzt und hellbraun karamellisiert. Nüsse zur Marmelade geben, mit dem Zwetschgenwässerle abschmecken. Sofort in heiße Gläser abfüllen. Während des Abkühlens öfters drehen, damit sich der Inhalt gleichmäßig verteilt.

Hannsistriebeliküäche mid Liggeerli

[Johannisbeerkuchen mit Likörchen]

- *150 g Butter*
- *150 g Zucker*
- *4 Eigelb*
- *2 EL Kakao*
- *1 TL Zimt*
- *4 EL Klaras Johannisbeerlikör*
- *200 g Mehl*
- *½ Pck. Backpulver*
- *400 g Johannisbeeren (frisch oder TK, halb aufgetaut)*

Für den Guss:

- *4 Eiweiß*
- *150 g Puderzucker*
- *150 g gemahlene Walnüsse*
- *4 TL Klaras Johannisbeerlikör*
- *nach Belieben 1-2 Pck. roter Tortenguss*

Butter, Zucker und Eigelb schaumig rühren. Kakao, Zimt und Johannisbeerlikör nach und nach unterrühren. Mehl und Backpulver unterrühren und Teig in eine Springform (28 cm Ø) füllen. Johannisbeeren darauf verteilen.

Eiweiß steif schlagen. Puderzucker, Walnüsse und Johannisbeerlikör vorsichtig unterheben und die Masse auf die Johannisbeeren streichen. Bei 180° 45 Min. backen. Nach dem Erkalten je nach Belieben roten Tortenguss zubereiten und gleichmäßig auf dem Kuchen verteilen. Dieser hält den Kuchen schön saftig.

Qualität auf den Punkt gebracht

Edmund Guldenfels *Teningen-Nimburg*

Im Gasthaus zum Kaiserstuhl in Nimburg, bei Familie Guldenfels, fängt die Qualität eines Edelbrandes beim Baumschnitt an – und den betreibt fast niemand mit so einer Leidenschaft wie Barbara Guldenfels, die damit den Weg für die erstklassigen Destillate ihres Mannes bereitet.

Edmund Guldenfels, der Winzermeister, Obstbauer und Gastwirt ist, schafft es nicht nur, diese arbeitsreichen Berufe unter einen Hut zu bringen, sondern ist auch der Erste und bislang Einzige im Landkreis Emmendingen, der eine Ausbildung zum Brennmeister absolviert hat.

Im Erkennen des optimalen Reifezeitpunkts der Früchte liegt für Edmund Guldenfels, der auch Mitglied der Vereinigung Kaiserstühler Edelbrenner ist, das Geheimnis eines guten Destillats. Das honorieren auch seine Gäste und Kunden, von denen manche einen Abstecher nach Nimburg machen, während die Ehefrau in Freiburg shoppen geht, oder auf dem Weg in den Urlaub kurz die A5 verlassen, um Sulz und Leberle zu essen und sich mit Guldenfels' Spezialitäten wie Sauerkirschwasser oder Rubin-Zwetschge einzudecken.

Ja, es sind wahre „Fans“, die die hohe Qualität der Produkte und den persönlichen Kontakt mit dem freundlichen Nimburger Brenner schätzen. Großer Andrang herrscht regelmäßig auch auf den Weihnachtsmärkten in Teningen und Emmendingen, wo Barbara und Edmund Guldenfels ihre Kreativität beweisen und neben ihren Destillaten zehn Sorten selbstgemachter Trüffel anbieten: weiße Schokolade mit Williams, dunkle Schokolade mit Tresterbrand, Nougat mit Mirabell, Walnuss-Marzipan mit Aprikosenbrand oder scharfer Chili mit Sauerkirsch – schade, dass nur einmal im Jahr Weihnachten ist...

Forällesalad uf Williamsbiire

[Forellensalat auf Williamsbirne]

- *4 geräucherte Forellenfilets*
- *3 Williamsbirnen*
- *Salz, Pfeffer*
- *Zitronensaft*
- *Guldenfels' Williams-Christ-Birnenbrand*

Zwei Birnen halbieren und das Kerngehäuse entfernen. Forellenfilets und die restliche Birne in kleine Würfel schneiden. Salz, Pfeffer, Zitronensaft und 2 cl Williams Christ dazugeben und alles zu einem Salat vermischen. Auf den Birnenhälften anrichten und nach Belieben mit Williams-Christ-Birnenbrand beträufeln.

Zällrichschüümsubbe mid Schuss

[Sellerieschaumsuppe mit Schuss]

- *1 Sellerieknolle*
- *2 mittelgroße Kartoffeln*
- *1/8 l Milch*
- *1/2 l Wasser*
- *Salz, Pfeffer*
- *Meerrettich*
- *200 g Frischkäse*
- *Guldenfels' Zibartenwasser*

Sellerieknolle und Kartoffeln in kleine Würfel schneiden. In Milch und Wasser kochen. Frischkäse hinzugeben und mit dem Mixstab aufschäumen (dabei darf es nicht mehr kochen). Mit Salz, Pfeffer und Zibartenwasser abschmecken.

Wenn Kinder mitessen, kann der Schnaps auch nachträglich mit einem Zerstäuber auf die einzelnen Suppenportionen gesprüht werden.

Hähnlibruschd mid scharfe Mirabälle un' Herdepfelkeächli

[Hähnchenbrust mit scharfen Mirabellen und Kartoffelküchlein]

- *4 Hähnchenbrüste*
- *ca. 500 g Mirabellen*
- *1 kleines Stück Ingwer*
- *1 EL grob geschroteter bunter Pfeffer*
- *Guldenfels' Mirabellenwasser*

Für die Kartoffelküchlein:

- *500 g Pellkartoffeln (vom Vortag)*
- *2 säuerliche Äpfel*
- *2 Eier*
- *4 EL Mehl*
- *Salz, Pfeffer*
- *1 EL Guldenfels' Obstler*

Hähnchenbrüste über Nacht mit etwas Mirabellenwasser marinieren. Mirabellen entsteinen und mit Ingwer und Pfeffer in eine feuerfeste Form geben. Das Fleisch kurz anbraten, würzen und auf die Mirabellen setzen. Backofen auf 200° vorheizen und in ca. 15 Min. fertig garen.

Für die Küchlein Kartoffeln und Äpfel raspeln. Eier und Mehl dazugeben. Mit Salz, Pfeffer und Obstler abschmecken. In heißem Fett kleine Küchlein backen.

Das Fleisch vor dem Anrichten mit Mirabellenwasser begießen und mit den Kartoffelküchlein servieren.

Als Variante kann man auch Kaninchen anstelle von Hähnchenbrust verwenden.

„Kaiserschdiähler“

[„Kaiserstühler“]

- *500 g Aprikosen („Mellili“)*
- *2 EL Aprikosendestillat*
- *1/10 l Sahne*
- *100 g Zartbitter-Schokolade*
- *3 Eier*
- *1 EL Guldenfels' Aprikosendestillat*
- *1 Pckg. Vanillezucker*

Für das Mandelbaiser:

- *1 Eiweiß*
- *2 EL Zucker*
- *50 g Mandelblättchen*

Die Aprikosen sollten sterilisiert oder leicht angedünstet sein.

Schokolade mit Sahne im Wasserbad schmelzen und Schnaps und Eigelb dazurühren (nicht kochen!). Eiweiß steif schlagen und Vanillezucker unterrühren. Eischnee unter die warme Masse ziehen.

Für das Baiser das Eiweiß sehr steif schlagen. Zucker und Mandeln unterschlagen. Kleine Häufchen auf ein Backblech setzen und bei 150° backen.

Die richtige Anordnung der einzelnen Schichten ergibt den „Kaiserstuhl“: Zuerst kommen die Aprikosen mit dem Destillat ins Glas. Sie symbolisieren die Glut. Darauf wird die Schoko-Mousse gegeben, die für das Vulkangestein steht. Das Mandelbaiser schließlich stellt den hellen Lößboden des Kaiserstuhls dar.

Ein Gespür für das Richtige

Hans Gut *Vogtsburg-Oberbergen*

Vor 50 Jahren begann Hans Gut mit dem Brennen von Obst. Sein erster Schnaps, es war Kirschwasser, ging damals an eine Schwarzwälder Schokoladenfabrik. Daran kann er sich noch gut erinnern.

Die oft harte Arbeit im Obst- und Weinbau ist der heute 70-jährige von Jugend an gewöhnt, und er hat sie immer gern gemacht, wie er sagt. Kreativ war er obendrein: Von Mitte der 1950er-Jahre bis 1970, als man im Dorf noch keine Schmalspurschlepper besaß, pflügte er für viele Winzerfamilien in Oberbergen die kleinen Rebterrassen mit Hilfe von Shetland-Ponys, weshalb man ihn heute noch den „Pony-Hans" nennt.

Auf dem Hof seiner Familie, aber auch bei seiner langjährigen Arbeit auf einem Freiburger Stiftungsweingut spielte die Brennerei immer eine wichtige Rolle. Dort initiierte er die Erzeugung von Tresterbränden, der er sich, mittlerweile im Ruhestand, zu Hause immer noch leidenschaftlich gerne widmet.

Perfekt ausgestattet mit Bodensilos, in denen die Trester optimale Gärungsbedingungen vorfinden, scheut Hans Gut die viele Handarbeit beim Tresterbrennen bis heute nicht. In seinem gemütlich eingerichteten Brennraum, in dem das Radio spielt, die Zeitung und die Mundharmonika auf dem Tisch liegen, entstehen in aller Ruhe „Schnäbsli", die von Feinschmeckern aus dem Umkreis, aber auch von den Gästen des Restaurants seiner Tochter Karin in Deidesheim geschätzt werden.

Bestens zur Geltung kommen Hans Guts Edelbrände auch im feinen Gebäck von Ehefrau Barbara. Allem voran ist ihre beliebte Birnentorte das beste Beispiel dafür, dass sich ein bisschen mehr Aufwand lohnt – und dass es „Kuchigeischter" wirklich zu geben scheint...

Kaas-Fondue mid Kaiserschdiähler Greäsewasser

[Käse-Fondue mit Kaiserstühler Kirschwasser]

- *300 g Gruyère*
- *300 g Appenzeller*
- *300 g Vacherin*
- *½ l trockener Weißwein (z.B. Weißer Burgunder oder Müller-Thurgau)*
- *1/10 l Guts Kirschwasser*
- *1 TL Maisstärke*
- *1 Knoblauchzehe*
- *1 kg Halbweiß- oder Roggenmischbrot*
- *1 Prise Muskat oder frisch gemahlener schwarzer Pfeffer*

Knoblauchzehe schälen, zerdrücken und in der Cachelon verreiben. Den geraspelten Käse unter ständigem Rühren in der Cachelon auf einem Rechaud zum Schmelzen bringen. Nach und nach Weißwein zugeben. Maisstärke im Kirschwasser auflösen und zum Schluss unter den geschmolzenen Käse ziehen. (Die Menge an Maisstärke kann variiert werden, entsprechend der Sämigkeit, die man wünscht. Die Konsistenz des Käse-Fondues sollte jedoch so sein, dass der Käse sich gut mit den aufgespießten Brotstückchen aufnehmen lässt.) Eine Prise Muskat oder frisch gemahlener schwarzer Pfeffer, direkt vor dem Servieren zugegeben, runden das Ganze ab.
Alternativ zum Brot schmecken auch kleine festkochende Kartoffeln hervorragend zum Käse-Fondue.
Wer der Schweizer Tradition frönen möchte, reicht als begleitendes Getränk einen Schwarztee. Der trockene Weißwein, der bereits für die Zubereitung verwendet wurde, ist natürlich auch ein hervorragender Begleiter.

Wer sich mit dieser klassischen Variante vertraut gemacht hat, kann die Käsesorten sowie den Schnaps variieren und zum Beispiel Williams- oder Tresterbrand verwenden.

Dreschd'r-Sorbet

[Trester-Sorbet]

für ca. 15 Portionen

- *½ l Wein*
- *½ l Läuterzucker (Wasser : Zucker im Verhältnis 2 : 1 gekocht)*
- *¼ l Guts Tresterbrand*
- *5 Blatt Gelatine, eingeweicht*
- *Zitronensaft nach Belieben*

Wein mit dem Tresterbrand kurz aufkochen, ausgedrückte Gelatine darin auflösen. Läuterzucker hinzugeben, mit Zitronensaft abschmecken und in der Eismaschine oder im Eisfach frieren.

Williams-Biiredorde

[Williams-Birnentorte]

Für den Biskuitteig:

- *5 Eier*
- *5 halbe Eierschalen voll kaltem Wasser*
- *200 g Zucker*
- *170 g Mehl*
- *1 TL Backpulver*
- *1 Pck. Schokoladen-Puddingpulver, feinherb*

Für die Füllung:

- *3 Blatt Gelatine*
- *1 Dose oder 1 Glas eingemachte Birnen (z.B. Williams Christ)*
- *1 EL Vanille-Puddingpulver*
- *Zucker nach Belieben*
- *3 Becher Sahne*
- *Guts Williams Christ*

- *Schokoraspel*

Eier, Zucker und Wasser schaumig rühren, bis eine cremige Masse entsteht. Mehl, Puddingpulver und Backpulver vorsichtig unterheben. In einer Springform (28 cm Ø) bei 170° ca. 40 Min. backen. Tortenboden auskühlen lassen und zweimal durchschneiden.

Für die Füllung Gelatine in sehr kaltem Wasser einweichen. Birnen abschütten, Saft auffangen. Birnen klein schneiden, ca. 16 Stücke zur Garnitur beiseite legen. Puddingpulver mit dem Saft verrühren, aufkochen und Gelatine in die heiße Masse einrühren. Klein geschnittene Birnen hinzufügen.
Den unteren Boden mit Williams Christ beträufeln und einen Tortenring darum legen. Birnenmasse darauf verteilen und abkühlen lassen. Den zweiten Boden darauf legen und mit Williams Christ beträufeln. Sahne steif schlagen, nach Belieben süßen. Ein Drittel der Sahne auf den zweiten Boden streichen und den dritten Boden darauf setzen. Mit Williams Christ beträufeln. Mit der restlichen Sahne die ganze Torte überziehen. In 16 Stücke einteilen und mit Schokoraspeln und Birnenstücken verzieren.

Geschmacksexplosion mit Schokolade

Norbert Helde *Sasbach-Jechtingen*

Schon als Schulbub stand für ihn fest, dass er einmal in die Fußstapfen seines Vaters und Großvaters treten und Winzer und Obstbauer werden möchte. Besonders das Obst hat es Norbert Helde angetan. Bereits mit 14 Jahren schnitt er Bäume lieber als Reben, weil jede Obstsorte ihre ganz eigenen Bedürfnisse hat.

Ein wichtiges Standbein des ökologischen Wein- und Sektguts Helde, das vor 20 Jahren zu 100 % auf Bio umgestellt wurde, ist die Brennerei, die Norbert Helde heute auf höchstem Niveau betreibt. Das Destillieren von Raritäten ist sein Steckenpferd. So kreierte er als Hommage an seinen Großvater, der die Muskatellerrebe über alles liebte, eine Spirituose namens „Ursprung", bei der Muskatellertraubensaft auf einen Tresterbrand trifft. Stolz ist der Ökowinzer auch auf seinen Himbeergeist aus eigenen Gartenhimbeeren oder den „Holzapfel", einen Apfelbrand, der im Eichenfass zu einem deutschen Calvados ausgebaut wird. Genießt man diesen mit einem Stück Nuss-Schokolade, entsteht eine wahre „Geschmacksexplosion" im Mund.

Die Grundlage für seine Produkte liefern Streuobstbestände nach alter Väter Tradition, die sich auf der Gemarkung Jechtingen, aber auch bei Wyhl befinden, wo allein 300 seiner Hochstammbäume stehen.

Mit Ehefrau Bernadette, die Heilpflanzenfachfrau ist, hielten Kräuter vermehrt Einzug in den Betrieb. Mit selbst gesammeltem Schachtelhalmtee werden nicht nur die Obstbäume gesund erhalten, sondern die Heldes bieten jetzt auch Kulinarische Weinproben mit einer Kräuterwanderung an.

Privat veredelt Bernadette Bächle-Helde ihre Gerichte gern mit eigenen Destillaten. Das Ergebnis schmeckt so gut wie es aussieht...

Schbritzigi Gridderbowle

[Spritzige Kräuterbowle]

- *1 l Apfelsaft*
- *2-3 frisch gepflückte Holunderblüten*
- *2 Pfefferminzstängel*
- *2 Melissenstängel*
- *2-4 cl Heldes Zwetschgenbrand oder Kirschbrand*

Frische Kräuterstängel und Holunderblüten am besten zu einem Kräuterstrauß binden und in einen Krug oder ein Bowle-Gefäß hängen. Apfelsaft darüber gießen und 12-24 Std. ziehen lassen. Kräuterstrauß entfernen. Edelbrand von der Zwetschge oder Kirsche hinzufügen und servieren.

Nichtalkoholische Variante: Bowle statt mit Edelbrand mit kohlensäurehaltigem Wasser auffüllen.

Rosig'r Summerbleädesalad

[Rosiger Sommerblütensalat]

- *150 g verschiedene grüne Blattsalate*
- *1 Handvoll Blätter von frischen Wildkräutern (z.B. Löwenzahn, Giersch, Spitzwegerich, Knoblauchrauke, Vogelmiere)*
- *2 Handvoll frische essbare Rosenblüten*
- *2-3 cl Heldes Rosengeist*
- *Blütenblätter zum Garnieren*

Für die Vinaigrette:

- *Weinessig*
- *Oliven- oder Sonnenblumenöl*
- *etwas Zitronensaft*
- *Salz, Pfeffer*
- *ca. 1-2 cl Heldes Rosengeist*

Salat und Wildkräuter gründlich waschen, anschließend trocknen. Rosenblüten sorgfältig sortieren. Alles zusammen mit der Vinaigrette vermischen. Mit Rosenblütenblättern und nach Belieben mit weiteren Sommerblüten (z.B. Kapuzinerkresse, Ringelblumen, Sonnenblumen, Rotklee, Malve) garnieren. Den Salat zum Abschluss mit einem Zerstäuber, gefüllt mit Heldes Rosenblütengeist, besprühen.

Duftet herrlich nach Rosenblüten und Sommerluft. Peppt garantiert jede Grillparty auf!

Heldes Goggl mid Holzepfelbrand

[Heldes Bauerngockel mit Holzapfelbrand]

- *1 bratfertiges Hähnchen*
- *2 Äpfel*
- *2 EL Olivenöl*
- *Salz, Pfeffer*
- *8 cl Heldes Holzapfelbrand*

Für die Sauce:

- *6 EL Bratenfond vom gebratenen Gockel*
- *2 EL Mehl*
- *Salz, Pfeffer, Saucengewürz nach Belieben*
- *4 cl Heldes Holzapfelbrand*

Äpfel in Schnitze schneiden und mit 6 cl Heldes Holzapfelbrand marinieren. Olivenöl mit Salz und Pfeffer vermengen, restlichen Holzapfelbrand hinzufügen. Das Hähnchen damit einpinseln und in einen Bräter legen. Apfelschnitze darin verteilen. Den Bauerngockel backen oder braten:

Grill: 200°-220°, 40-60 Min.
Backofen: 180°-200°, ca. 1 Std.
Dampfgarer: Einstellung Combigarer Braten, 1. Stufe: 200°, Feuchte 95 %, 40 Min. braten, danach Stufe 2: 210°- 225°, Feuchte 30 %, 10-15 Min. braten

Für die Sauce Bratenfond in einen Topf geben, mit Holzapfelbrand und 150 ml Wasser ablöschen. Mit Mehl binden, würzen. Kurz aufkochen lassen.
Zum Bauerngockel passt Rotkraut oder Apfelsauerkraut mit Kartoffelknödeln.

Dufdigi Himbeersahnedorde

[Duftende Himbeersahnetorte]

Für den Biskuit:

- *4 Eier*
- *150 g Zucker*
- *1 Pck. Vanillezucker*
- *200 g Mehl*
- *1 TL Backpulver*

Für den Belag:

- *ca. 300 g Himbeeren*
- *500 g Quark*
- *400 g Sahne*
- *250 g Zucker*
- *1 Pck. Vanillezucker*
- *12 Blätter weiße Bio-Blatt-Gelatine*
- *4-6 cl Heldes Himbeergeist*

Hierzu passt eine Tasse Kaffee mit einem Schuss Heldes Walnussgeist.

Eier trennen, Eiweiß steif schlagen. Zucker und Vanillezucker in den Eischnee einrieseln lassen und weiterrühren, Eigelb unterrühren. Mehl und Backpulver auf die Eimasse sieben und vorsichtig unterheben. Bei 180° 20-25 Min. backen.

Gelatineblätter in Wasser einweichen. Sahne steif schlagen. Quark mit Zucker, Vanillezucker, Himbeeren und 2-4 cl Himbeergeist verrühren. Weich gewordene Gelatine mit dem Wasser etwas erwärmen, bis sie sich komplett aufgelöst hat (sie darf aber nicht kochen). Vorsichtig unter die Himbeerquarkmasse rühren, zum Schluss Sahne unterheben. Den erkalteten Biskuitboden mit 2 cl Heldes Himbeergeist beträufeln, mit einem Tortenring versehen und die Himbeermasse darauf verteilen. Für mindestens 6 Std. in den Kühlschrank stellen, mit Himbeeren verzieren.

So vielfältig wie die Natur

Manfred Henninger *Endingen-Königschaffhausen*

Sie lachen einen um die Wette an: Manfred Henninger und seine Liköre und Destillate, die so schön in Reih und Glied im Regal stehen. Im Kirschendorf Königschaffhausen beheimatet, führt der Winzer und Brenner in dritter Generation mit großem Engagement den traditionsreichen Familienbetrieb, der sich seit 1955 der Rebenveredlung widmet und schon immer feine Brände aus eigenem Obst hervorgebracht hat.

Weil er ganz und gar darin aufgeht, hat Manfred Henninger die Produktpalette um zahlreiche Spezialitäten erweitert, deren Rezepte er alle selbst kreiert. Seine Liköre von Holunderblüten, Himbeeren, Mirabellen, Quitten oder Maulbeeren und der Winterbirnenlikör sind besonders als Geschenkideen gefragt, und Hingucker sind seit jeher die Williamsflaschen, in die er Birnen am Baum hineinwachsen lässt. Daneben schwören die Henningers auf ihren selbst gemachten Kirschessig, mit dem sich knackige Sommersalate verfeinern lassen.

So sorgfältig und liebevoll wie Manfred und Martina Henninger ihre Erzeugnisse präsentieren, betreiben sie auch den Obstanbau, bei dem sie sich – wie früher am Kaiserstuhl des öfteren praktiziert – am Mondkalender orientieren und so die optimalen Zeitpunkte für Schnitt und Ernte nutzen. Gehegt und gepflegt werden auch die beiden circa 200 Jahre alten Birnbäume, die mitten in Henningers Hof stehen und deren Früchte den exklusiven „Hofbirnenbrand“ ergeben. Unter diesen Bäumen wird jedes Jahr im September das gemütliche Hoffest gefeiert, bei dem die Besucher unter anderem eine Cocktail- und „Feuerwasser“-Bar erwartet, an der man 26 Sorten Brände und Liköre verkosten kann. Für das „musikalische Feuer“ sorgt der Gastgeber auch schon mal höchstpersönlich, wenn er sich ans Schlagzeug der „Achkarrener Schlossberg-Hei-Jei-Jeis“ stellt...

Champignonsubbe mid Mirabälleschnabs

[Champignonsuppe mit Mirabellenbrand]

- *250 g weiße Champignons (2 Pilze zur Garnitur zurückbehalten)*
- *5 Zweige Thymian*
- *3 Stängel Oregano*
- *1 Stängel Liebstöckel*
- *4 Stängel Pimpinelle, auch „kleiner Wiesenknopf" genannt (1 Stängel zur Garnitur zurückbehalten)*
- *2 Knoblauchzehen*
- *1 mittlere Zwiebel*
- *1 TL frischer Ingwer*
- *¾ l Brühe*
- *4 EL Olivenöl*
- *80 g Butter*
- *⅛ l Weißburgunder*
- *2 cl Henningers Mirabellenbrand*
- *2 EL Speisestärke*
- *etwas kaltes Wasser*
- *4 Stückchen Zartbitter-Schokolade*
- *1 Becher Sahne*
- *Salz, bunter Pfeffer und Muskatnuss aus der Mühle*

Champignons halbieren und fein schneiden (die Pilze für die Garnitur erst zum Schluss in feine Scheiben schneiden). Ingwer, Knoblauch und Zwiebel fein würfeln. Vom Thymian und Oregano die Blättchen fein schneiden.

Olivenöl in einem Topf erhitzen. Ingwer, Knoblauch und Zwiebel darin glasig dünsten. Butter zugeben und unter ständigem Rühren auflösen. Champignons dazugeben und kräftig umrühren. Thymian und Oregano hinzufügen, umrühren und mit der heißen Brühe ablöschen. Weißburgunder und Mirabellenbrand hineingießen und ca. 8 Min. kochen lassen.

Speisestärke in einen Schüttelbecher geben, mit kaltem Wasser aufgießen und kräftig schütteln. Stärke unter kräftigem Rühren in die heiße Suppe einfließen lassen und so lange rühren, bis die Suppe schön sämig ist. Schokoladenstückchen hineingeben und nochmals kräftig rühren, bis die Schokolade aufgelöst ist. Von der Kochstelle nehmen, Sahne zugeben und mit Salz, Pfeffer und Muskatnuss abschmecken. Fein geschnittene Pimpinelle- und Liebstöckelblättchen dazugeben, umrühren und anrichten. Vor dem Servieren mit Pilzscheiben und einem kleinen Pimpinelleblättchen garnieren.

Flambierde Epfel-Flammeköäche

[Flambierter Apfel-Flammkuchen]

für 2 runde Kuchen

Für den Boden:
- *400 g Mehl*
- *1 Pckg. Trockenhefe (25 g)*
- *1 Prise Salz*
- *300 ml lauwarmes Wasser*
- *2 EL Olivenöl*

Für den Belag:
- *400 g Schmand*
- *8 EL Sahne*
- *1 EL Rohrzucker*
- *2 Eier*
- *8 Äpfel, z.B. Boskoop, Cox Orange o.ä.*
- *Rohrzucker und Zimt zum Bestreuen*

Zum Flambieren:
- *2-3 cl Henningers Williams-Christ-Birnenbrand oder Zwetschgenbrand*

Für den Teig Mehl mit der Trockenhefe und dem Salz mischen, lauwarmes Wasser unter ständigem Rühren dazugeben. Den Teig so lange rühren, bis er sich von der Schüssel löst. Mit etwas Mehl bestäuben, mit einem Tuch abdecken und an einem warmen Ort gehen lassen, bis er zur doppelten Höhe aufgegangen ist.

Ofen auf 200° (Umluft) vorheizen. Form mit Olivenöl bestreichen. Teig auf eine leicht bemehlte Arbeitsfläche geben, kurz kneten, dabei eine Mulde formen. Olivenöl hineingeben und einarbeiten. Teig zu einem passenden Fladen ausrollen, einen etwas dickeren Rand formen und in die Form geben.

Schmand, Sahne, Rohrzucker und Eier verrühren und gleichmäßig auf dem Teig verteilen. Geschälte Äpfel vierteln, Stiel und Kernhaus entfernen und in ca. 1 cm dicke Scheiben schneiden. Den Kuchen damit belegen und mit etwas Rohrzucker und Zimt bestreuen. Im Backofen ca. 30 Min. backen, bis er leicht bräunlich wird.

Destillat in einen großen Löffel geben, anzünden und langsam über den Flammkuchen träufeln. Sofort verzehren. Nach Belieben mit Rohrzucker nachsüßen.

Cocktail „Sweety“

für 1 Cocktail

- *4 cl Henningers Holunderblütenlikör*
- *Ananassaft*
- *Crushed Ice (zerkleinertes Eis)*
- *Garnitur*

Etwas Crushed Ice in ein Cocktail-Glas geben, Holunderblütenlikör dazugießen und mit Ananassaft auffüllen.

Mit einer Zitronenscheibe und etwas frischer Zitronenmelisse am Glasrand garnieren, mit Trinkhalm servieren.

Zwätschge-Punsch

[Zwetschgen-Punsch]

für 4- 5 Personen

- *2 TL kräftiger Schwarztee*
- *2 Kapseln Kardamom*
- *3 Nelken*
- *1 l Wasser*
- *10 cl Henningers Zwetschgenlikör*
- *2 EL Rohrzucker*
- *Garnitur*

Tee und Gewürze in einen Teefilter füllen und im kochenden Wasser für 6 Min. ziehen lassen. Zwetschgenlikör und Rohrzucker dazugeben. In Gläser füllen.

Mit einer Orangen- oder Zitronenscheibe am Glasrand garnieren.

Hirsche lieben die Wahlsche Schnapsbirne

Karl-Josef Herbstritt *Glottertal*

Manchmal, wenn es draußen nass und kalt ist, drücken sich bis zu 40 Leute in das warme Brennhäuschen von Karl-Josef Herbstritt. Andächtig lauschen sie, wenn der Schwarzwaldbauer von seinem Hof, seiner Familie und den bis zu 180 Jahre alten Birnbäumen erzählt und dabei das Geheimnis eines guten Obstbrandes verrät.

Herbstritts Gläserne Brennerei ist ein fester Bestandteil des Tourismus-Programms der Gemeinde Glottertal und eine Anlaufstelle für Genießer, die ein ganz besonderes Zibärtlewasser oder einen Birnenschnaps suchen, der aus fast vergessenen Sorten wie Palmischbirne, Schweizer Wasserbirne oder Clapps Liebling gebrannt wird.

Die Streuobstwiesen an den Hängen des Glottertals werden seit vielen Generationen von den Herbstritts gepflegt und erhalten. Sie haben sich zu einem paradiesischen Biotop entwickelt, das Nistgelegenheiten für Höhlenbrüter wie Hornissen, Hummeln, Bunt- und Grünspechte bietet. Hier leben hungrige Fledermäuse „Tür an Tür" mit seltenen Zeitgenossen wie dem gar nicht zimperlichen Neuntöter, der seine tierische Beute auf Dornen aufspießt.

Friedlicher geht es in der Damwildherde von Karl-Josef Herbstritt zu, die sich an ihrem abwechslungsreichen Gehege erfreut und mit Vorliebe Wahlsche Schnapsbirnen und vollreife Goldparmänen genießt, die auf ihrer Wiese gedeihen.

Genuss ist auch das Stichwort im Glottertäler Wirtshaus zur Sonne. Arndt Dilger und sein Sohn Johannes veredeln das Damwildfleisch und die Obstbrände von Karl-Josef Herbstritt hier zu Gerichten, die Appetit aufs Nachkochen machen...

Schmorbroode vum Damhirschschifili in Burgundersoß'

[Geschmorte Damhirschschulter in Burgundersauce]

- *1200 g ausgelöste Damhirschschulter*
- *Salz, Pfeffer, Muskat*
- *1-2 Scheiben trockenes Schwarzbrot*
- *3-4 EL Butterschmalz*
- *1 EL Tomatenmark*
- *1 EL Mehl*
- *2-3 EL Preiselbeeren*
- *2 cl Herbstritts Weinbrand oder Wacholderschnaps*

Für die Beize:

- *1 l Spätburgunder Rotwein*
- *1 Prise Zucker*
- *4 Lorbeerblätter*
- *4 Nelken*
- *10 Wacholderbeeren*
- *je 1 Zweig Rosmarin und Thymian*
- *Pfefferkörner nach Belieben*
- *1 Zwiebel*
- *1 Karotte*
- *1 kl. Stange Lauch*
- *½ Sellerieknolle*
- *1 geschälte Knoblauchzehe, geviertelt*

Gemüse putzen, schälen, waschen und in daumengroße Stücke schneiden. Gewaschene und trocken getupfte Hirschschulter mit dem Gemüse und der Beize in einem großen Gefäß 1 Tag zugedeckt im Kühlschrank ziehen lassen (mehrmals wenden, damit das Fleisch gleichmäßig beizt!).

Hirschfleisch aus der Beize nehmen, Beize abseihen (Gemüse und Beize getrennt auffangen). Butterschmalz in einer größeren Kasserolle erhitzen, Hirschfleisch mit Salz und Pfeffer würzen, im heißen Butterschmalz auf allen Seiten kräftig anbraten.

Fleisch herausnehmen, zur Seite stellen und kurz ruhen lassen. Gemüse im Bratfett anrösten, Tomatenmark zugeben, mit wenig Mehl bestäuben und mit der Beize nach und nach ablöschen. Hirschschulter in die Kasserolle geben, alles zugedeckt ca. 1 ½ Std. leicht weiterschmoren. Schwarzbrot mitköcheln lassen.

Backofen etwas aufheizen. Sobald das Fleisch gar ist, dieses herausnehmen und im warmen Ofen kurz ruhen lassen. Den Fond abseihen und in einem Topf einkochen lassen, mit Pfeffer und Salz würzen, mit Preiselbeeren und Weinbrand oder Wacholderschnaps abschmecken. Das Fleisch aus dem Ofen nehmen, aufschneiden, mit Sauce überziehen und sofort servieren.

Dazu passen gebratene Waldpilze und je nach Jahreszeit frische Speckbohnen, Wirsinggemüse oder Rosenkohl. Als Beilagen werden auch handgeschabte Spätzle, Semmelknödel, breite Bandnudeln oder Kartoffel-Selleriepüree empfohlen.

Schogladderdli mid Biireschbalde uf Williamsschuum

[Schokotörtchen mit Birnenspalten auf Williamsschaum]

<u>Für die Birnenspalten:</u>

- 4 frische Birnen
- 4 cl Herbstritts Williamsschnaps
- 4 cl Wasser
- 1 TL Zucker
- Schale von 1 Zitrone (unbehandelt)
- je eine Zimt- und Vanillestange

<u>Für den Williamsschaum:</u>

- 2 Eigelb
- 6 cl Herbstritts Williamslikör
- 2 cl Weißwein
- einige Spritzer Zitronensaft
- 1 gestr. EL Zucker

Frische Quitten und Quittenschnaps können auf die gleiche Art zubereitet werden (passt gut zu allen Wildgerichten). Und statt der Törtchen kann auch Vanilleeis serviert werden.

Für die Törtchen:

- *150 g Zartbitterschokolade*
- *150 g Butter*
- *2 Eier*
- *2 Eigelb*
- *2 EL Zucker*
- *40 g Mehl*
- *1 Schuss von Herbstritts Williamslikör*
- *1 frische Birne*
- *frische Minze*

Birnen schälen, entkernen und in jeweils 8 Spalten schneiden. Zucker im Töpfchen karamellisieren. Birnenspalten, Vanille- und Zimtstange sowie Zitronenschale zugeben, mit Wasser ablöschen, kurz runterkochen und zur Seite stellen. Vor dem Anrichten mit Williamsschnaps flambieren.

Für die Törtchen die Birne schälen, entkernen, würfeln und mit Williamslikör marinieren. Butter und Schokolade in einer Schüssel über dem heißen Wasserbad zerlaufen lassen. In einer zweiten Schüssel Eier, Eigelb und Zucker kalt (nicht über dem Wasserbad!) schaumig schlagen. Schokolade-Butter-Gemisch, gesiebtes Mehl und Birnenstückchen unterheben. Masse in 4 kleine Förmchen füllen, im Backofen bei 190-200° 6-9 Min. backen (bei 6 Min. ist der Kern noch etwas flüssig; bei 9 Min. ist das Törtchen fester – beides schmeckt sehr gut!). Törtchen aus dem Ofen nehmen, stürzen.

Die Zutaten für den Williamsschaum in einer Schüssel über dem heißen Wasserbad so lange kräftig aufschlagen, bis die Schaummasse schön sämig ist. Evtl. nochmals mit Zitronensaft und 1 Prise Zucker abschmecken. Mit den gedünsteten Birnenspalten und warmen Schokotörtchen servieren.

Arndt und Johannes Dilger vom Wirtshaus zur Sonne, Glottertal, veredeln ihre Gerichte gern mit den Schnäpsen und Likören von Karl-Josef Herbstritt.

Trends mit Langzeitcharakter

Arndt Köbelin *Eichstetten*

Wenn man mit Arndt Köbelin über das Schnapsbrennen philosophiert, merkt man bald, warum ihn das Thema seit langem fasziniert.

Der Winzer und Kellermeister, der sich im Jahr 2005 mit seinem eigenen Weingut am Fuße der Eichstetter Rebberge selbstständig gemacht hat, interessierte sich schon in seiner Lehrzeit für das Brennen von Weinhefe, die bei der Kellerarbeit anfiel. Darüber hinaus ist es die Geselligkeit, die man mit Nachbarn und Freunden an Wintertagen im „Brennhisli" pflegen kann, wo's früher auch schon mal frisches Kesselfleisch während des Brennens zu essen gab.

Vor allem aber gibt es für Arndt Köbelin nichts Schöneres, als in der Natur gewachsene, von Hand gepflückte Früchte, aber auch Trester, als hochwertigen Extrakt gepresster Traubenbeeren, in Form von Destillaten zu veredeln. Der passionierte Brenner sieht sich dabei auch als Naturschützer und Landschaftspfleger, denn mit viel Zeitaufwand widmet er sich beispielsweise den wild wachsenden Sauerkirschen, welche die Rebberge verschönern und nicht zuletzt die Grundlage für einen Sauerkirschlikör liefern, für den ihm besonders die Damenwelt zu Füßen liegt.

Ehrliche Naturprodukte statt kurzlebiger Trendgetränke – das ist die Maxime von Arndt Köbelin. Sein Herz schlägt deshalb für Tresterbrände, die bis zu fünf Jahre in den zuvor für Spätburgunder Rotwein genutzten Holzfässern reifen. In dieser Zeit holt das Destillat ganz langsam den Charakter jedes einzelnen Weinjahrgangs aus den Fassdauben hervor und gibt sich damit selbst den letzten Schliff. Das Ergebnis sind samtweiche Edelbrände vom Trester des Spätburgunders, Muskatellers und Gewürztraminers, die der krönende Abschluss eines guten Essens oder der Auftakt eines Abends am Kamin sind.

Die folgenden Rezepte von Küchenmeister Thomas Rinklin vom Gasthaus zum Ochsen in Eichstetten zeigen, wie Arndt Köbelins Brände schon als Zutat den Weg zu vollendetem Genuss bereiten.

Fischmüüldasche üs hochbrozendig'm G'wässer

[Fischmaultaschen aus hochprozentigem Gewässer]

für 6 Personen

- *300 g Lachsfilet*
- *300 g Zanderfilet*
- *Salz, Pfeffer*
- *2 Eier*
- *200 ml Sahne*

Für den Nudelteig:

- *600 g Mehl*
- *6 Eier*
- *1 ½ TL Salz*
- *Wasser nach Bedarf*

- *1 Ei zum Bepinseln*

Für die Sauce:

- *¼ l Fischfond*
- *150 ml Köbelins Grauburgunder*
- *1 EL Mehlschwitze (weiße Roux)*
- *150 ml Sahne*
- *1 TL Hummerbutter*
- *2 cl Köbelins Gewürztraminer-Tresterbrand*

Fischfilets in feine Streifen schneiden, salzen, pfeffern und die Eier darüber schlagen. Die Masse kalt stellen. Anschließend zweimal durch den Fleischwolf lassen (feine Scheibe), zum Schluss Sahne unterrühren.

Mehl, Eier, Salz und evtl. Wasser zu einem Nudelteig verarbeiten. 15 Min. im Kühlschrank ruhen lassen. Teig ½ cm dick ausrollen und 13 x 13 cm große Quadrate ausrädeln. Mit einem Löffel Häufchen von der Masse darauf setzen, die Teigplatten ringsum mit dem verquirlten Ei bepinseln. Zur Hälfte umschlagen und die Ränder gut festdrücken. In Salzwasser zugedeckt ca. 10 Min. garen.

Fischfond, Wein und Mehlschwitze unter ständigem Rühren aufkochen. Mit Sahne, Hummerbutter und Tresterbrand verfeinern.

Rinderzunge in Dreschd'rbrandsoß'

[Rinderzunge in Tresterbrandsauce]

für 6-8 Personen

- *1 Rinderzunge, gepökelt*
- *Gemüse (1 gr. Karotte, ½ Sellerieknolle, 1 Lauchstange, ½ Zwiebel)*
- *Gewürze (5 Nelken, 5 Lorbeerblätter, 1 EL Wacholderbeeren, 1 TL Pfefferkörner)*
- *½ l dunkle Bratensauce*
- *Köbelins Spätburgunder-Tresterbrand*

Reichlich Wasser zum Kochen bringen, Zunge hineinlegen, leicht salzen. Mit dem grob geschnittenen Gemüse und Gewürzen 3-4 Std. leicht köcheln. Sobald die Zunge weich ist, in kaltem Wasser abschrecken und die Haut vorsichtig abziehen. In fingerdicke Scheiben schneiden. Sauce mit Tresterbrand verfeinern und über die Zunge geben. Mit Mandelkroketten und Gemüsen der Saison servieren.

Mirabälle-Sorbet

[Mirabellen-Sorbet]

für 6 Personen

- *500 g frische Mirabellen*
- *250 g Zucker*
- *350 ml Weißwein (z.B. Köbelins Rivaner)*
- *100 ml Wasser*
- *5 EL Köbelins Mirabellenbrand*

Mirabellen entsteinen, mit 150 g Zucker und 100 ml Wein langsam weich kochen, fein pürieren. Restlichen Zucker mit Wasser zu Läuterzucker kochen. Fruchtmark mit Läuterzucker, restlichem Wein und Mirabellenbrand kalt vermischen. In einer weiten Schüssel ins Gefrierfach stellen. Masse alle 30 Min. mit dem Schneebesen gut durchrühren, bis sie gefroren ist.

In den Hausrezepten von ***Thomas Rinklin***, Inhaber des Gasthauses zum Ochsen in Eichstetten, kommen Arndt Köbelins Edelbrände besonders gut zur Geltung.

Hochprozentiges Lebensglück

Frank Küchlin *Schallstadt-Wolfenweiler*

Wer nach ein paar kurzweiligen und lehrreichen Stunden auf dem Böttchehof wieder nach Hause kommt, hat entweder ein „Badisches Schnapsdiplom" in der Tasche oder die Nase so richtig voll von den wunderbaren Aromen, die Frank Küchlin mit seinen ausgezeichneten Destillaten einfängt – im wahrsten Sinne des Wortes ausgezeichnet, denn der Winzer und Obstbrenner beweist bei der weltgrößten Branntwein-Prämierung in Offenburg immer wieder, dass er zur Elite der badischen Brenner gehört.

Seit drei Generationen brennen die Küchlins ihr eigenes Obst, und der Hof im Herzen von Wolfenweiler hat sich heute als Treffpunkt für Genießer etabliert, die authentische Produkte schätzen und mehr über ihre Herkunft und Herstellung wissen möchten.

Rundgänge durch den Betrieb und die Obstanlagen, das beliebte Tresterwurst-Essen im Herbst, der samstägliche Bauernmarkt und die gemütliche Bauernschenke im ehemaligen Ochs- und Pferdestall laden ein, die Vielfalt regionaler Landprodukte zu erleben. Dann sollte man auch Küchlins Spezialitäten probieren, die von seiner Kreativität und Motivation zeugen, kulinarisch Interessierten immer wieder etwas Neues zu bieten. Dazu zählen der Williams Edelgold, ein kräftiger Birnenlikör, und ein Brand aus den selten anzutreffenden Löhrpflaumen. Eine Rarität ist „Grappallo", der bislang einzige Tresterlikör, der in Deutschland erzeugt wird. Dessen Etikett ziert das Portrait eines Landwirts aus Wolfenweiler, der stolz darauf ist, Brenner UND Junggeselle und deshalb der glücklichste Mann der Welt zu sein...

Aperitif „Grappallo"

für 1 Glas

- *40 g Weintrauben*
- *2 cl Küchlins Grappallo Tresterlikör*
- *200 ml Prosecco*

Weintrauben mit Grappallo Tresterlikör übergießen und 2 Std. im Kühlschrank ziehen lassen. Alles in ein Sektglas geben, mit Prosecco aufgießen und mit einem Löffel servieren.

Wiibrand-Medaillons mid e`me Lauchrahmseeßli

[Weinbrand-Medaillons mit einem Lauchrahmsößchen]

- *800 g Lauchstangen*
- *600 g Schweinefilet*
- *Salz, Pfeffer*
- *4 EL Öl*
- *4 EL Küchlins Weinbrand ANNO (vom Spätburgunder)*
- *⅛ l Weißwein*
- *250 g Crème fraîche*

Lauch in feine Streifen schneiden, in Salzwasser 2 Min. kochen, abtropfen lassen und warm stellen.
Schweinefilet in 2 cm dicke Scheiben schneiden, würzen und im Öl 2-3 Min. auf jeder Seite braten. Weinbrand angießen und flambieren. Filets aus der Pfanne nehmen, warm stellen. Bratfond mit Weißwein ablöschen, Crème fraîche darunter schlagen. Sauce sämig einkochen und abschmecken. Lauch unter die Sauce ziehen. Auf Tellern anrichten und die Medaillons darauf legen. Dazu schmecken am besten Kartoffeln.

Biire-Tiramisu mid Williams-Edelgold-Liggeer

[Birnen-Tiramisu mit Williams-Edelgold-Likör]

für 8 Portionen

- *4 große, reife Birnen*
- *6 EL Zitronensaft*
- *½ l Birnensaft*
- *1 Pck. Vanille-Puddingpulver*
- *400 g Mascarpone*
- *300 g Magerquark*
- *90 g Puderzucker*
- *10 cl Orangensaft*
- *1 TL Zimt*
- *2 Vanilleschoten*
- *Löffelbiskuits*
- *mind. 10 cl Küchlins Williams-Edelgold-Likör*

Birnen schälen, vierteln, Kerngehäuse entfernen. In dünne Scheiben schneiden und dann nochmals quer durchschneiden, mit Zitronensaft beträufeln. Birnensaft aufkochen, Puddingpulver mit mind. 6 cl Williams-Edelgold-Likör anrühren, in den kochenden Birnensaft einrühren, aufkochen lassen. Birnenstücke hinzugeben und bei geringer Hitze bissfest kochen. Abkühlen lassen. Währenddessen Mascarpone, Magerquark, Orangensaft, Vanillemark und Zimt mit dem Puderzucker verrühren. Eine rechteckige Form mit den Löffelbiskuits auslegen und diese mit dem Williams-Edelgold-Likör beträufeln. Birnen-Pudding-Masse auf den Biskuits verteilen und glatt streichen. Mascarpone-Quark-Creme darüber geben, ebenfalls glatt streichen. Möglichst 12 Std. im Kühlschrank ziehen lassen. Mit Zimt oder Kakao bestreut servieren.

So viel Zeit muss sein

Arno Landerer *Vogtsburg-Oberrotweil*

Wenn er mal „abtauchen" möchte – oder besser gesagt, wenn er die Zeit dafür hat – findet man Arno Landerer im einstigen Rübenkeller seines Elternhauses. In dem kleinen Raum, seinem „Refugium", bewahrt er das auf, was eines Kenners Herz höher schlagen lässt: einen Apfelschnaps, sozusagen einen deutschen Calvados, der vor 25 Jahren das Licht der Welt erblickt hat und seitdem friedlich in seinem Eichenfass schlummert.

„Für's Schnapsen braucht man viel Zeit, und man muss gut aufgelegt sein – wie bei allen schönen Sachen. Sonst braucht man gar nicht erst anzufangen", hört man Arno Landerer sagen, wenn er über seine Philosophie bei der Erzeugung von Edelbränden spricht.

Jeden Winter freut er sich aufs Neue auf die Tage im „Brennhisli", an denen er auch einmal in Ruhe Zeitung lesen oder – bei entsprechender Muse – Gedanken und Gedichte zu Papier bringen kann. Und natürlich bekommt der Oberrotweiler dann auch regelmäßig Besuch, mit der charmanten Begründung, „dass man ja schließlich probieren müsse".

Arno Landerer, ein Tausendsassa, der gleichsam tief im Kaiserstuhl verwurzelt ist, möchte mit niemandem tauschen. Der Weinbau und die Brennerei – seiner Ansicht nach untrennbar miteinander verbunden – sind für ihn ein echtes Lebenselixier. Und weil er einfach gerne mit Menschen zu tun hat, ist er nebenbei seit vielen Jahren als Ortsvorsteher, Ortschaftsrat, Gemeinderat von Vogtsburg und nicht zuletzt als ziemlich gefragter Standesbeamter tätig. Manchmal, ganz selten, hat aber auch ein Arno Landerer gerne etwas mehr Abstand vom Alltag. Dann hisst er auf dem Altrhein die Segel seines kleinen Schiffes, auf dem schon eine Cohiba und vor allem viel Ruhe auf ihn warten...

Meloneschiffli mid drejerlei Schungge un' Williams-Chrischt

[Melonenschiffchen mit dreierlei Schinken und Williams-Christ]

- *½ Honigmelone*
- *1-2 EL Landerers Williams-Christ-Birnenbrand*
- *12 Scheiben Schinken, in dreierlei Sorten (z.B. Schwarzwälder Schinken, Südtiroler Schinken, Parmaschinken, Serranoschinken)*

Honigmelone in 12 Spalten schneiden und für 2 Std. im Williams-Christ-Birnenbrand marinieren. Jeweils drei Melonenspalten mit drei Scheiben gemischtem Schinken auf einem Teller anrichten und nach Belieben garnieren.

Flambierdi Rindersteaks

[Flambierte Rindersteaks]

- *4 Steaks vom Rind (z.B. von der Hüfte)*
- *Butterschmalz*
- *Salz, Pfeffer*
- *Senf*
- *1 Zweig Rosmarin*
- *Olivenöl*
- *4 cl Landerers Apfelbrand aus dem Eichenfass*
- *1/10 l Wein (Spätburgunder Rotwein oder Grauburgunder)*
- *1/2 Tasse Espresso*
- *1 EL grüner Pfeffer*
- *Currypulver*
- *1/2 Becher Sahne*
- *roter Pfeffer*

Steaks mäßig salzen und pfeffern und mit Senf und Olivenöl bestreichen (nach Belieben kann auch eine Knoblauchzehe zerdrückt und unter den Senf gerührt werden). Mit Rosmarin im Kühlschrank durchziehen lassen. Butterschmalz erhitzen und die Steaks darin auf hoher Stufe scharf anbraten (ca. 2 Min. auf jeder Seite). Handwarmen Apfelbrand darüber gießen, flambieren und die Steaks dabei leicht bewegen, bis die Flamme erlischt. Fleisch etwas ruhen lassen und warmhalten. Inzwischen Bratensatz mit Wein ablöschen. Espresso, grünen Pfeffer, Curry und Sahne mit dem Rosmarinzweig dazugeben und sämig köcheln lassen. Steaks mit der Sauce und roten Pfefferkörnern anrichten.

Dazu passen Backofenkartoffeln (-> S. 24) und Salat.

Fiirigi Pfirschigg mid Traminerbrand

[Feurige Pfirsiche mit Traminerbrand]

- *8 frische Pfirsichhälften*
- *40 g Butter*
- *60 g Zucker*
- *Saft von 1 Orange und ½ Zitrone*
- *4 cl Landerers Traminerbrand aus dem Eichenfass*
- *Vanilleeis*

Zucker in der Pfanne schmelzen, bis er flüssig ist. Butter und Fruchtsäfte hinzufügen. Auf kleiner Flamme die Sauce sämig einkochen lassen. Pfirsiche einige Minuten mitkochen. Mit handwarmem Traminerbrand übergießen und flambieren. Mit Vanilleeis servieren.

Zum Flambieren sollte man immer einen Schnaps verwenden, der mind. 40-45 % vol. hat, da er sonst nicht entflammt oder nur kurz flackert. Tipp zu diesem Dessert: Als Variante schmecken auch flambierte Bananen sehr gut!

Schnaps ist Gefühlssache

Nicole Metzger *Kirchzarten*

Für Nicole Metzger ist es Entspannung pur, wenn sie früh am Morgen eines Brenntages, noch einige Stunden, bevor sie ihren Weinladen öffnet, in aller Ruhe ihre Vorbereitungen treffen kann.

Obwohl sie schon als Kind immer um das alte Brenngeschirr ihres Opas herumgesprungen war, fand sie erst vor zwei Jahren so richtig den Zugang zum Brennen. Seither ist die junge Weinfachberaterin und heutige Inhaberin der Weinhandlung „Willi Metzger Weine" mit Herzblut dabei, die „Geist-reiche" Familientradition in dritter Generation weiterzuführen.

Einige ihrer Freundinnen konnten es anfangs gar nicht glauben, dass sie als Frau freiwillig mit Hefe und Maische hantiert und den ganzen Tag am heißen Brennkessel steht. Doch mittlerweile, wenn eine feine Duftfahne durch die Hauptstraße von Kirchzarten weht, treffen sich die jungen Damen bei Metzgers zum Kaffeeklatsch im Brennhäusle, genießen selbst gebackenen Kuchen und nehmen sich auf diese Weise eine Auszeit vom Alltag.

Obwohl sie noch nicht lange für die Edelbrände aus dem Hause Metzger allein verantwortlich ist, hat die Brennerin, die auch passionierte Jägerin ist, bereits ihren eigenen Stil. Aus Überzeugung und mit viel Gefühl stellt sie schwerpunktmäßig die traditionellen Schwarzwälder Spezialitäten aus Kirschen, Zwetschgen und Heidelbeeren in höchster Qualität her, da sie die Region am besten widerspiegeln und die Touristen sich nach wie vor dafür begeistern.

Stolz ist Nicole Metzger auf ihren Weinbrand, den sie von einem Gewürztraminer des Jahrhundertjahrgangs 1983 gebrannt hat. Dieser Wein ist ein Überbleibsel aus der früheren Kellerei von Vater Jürgen Metzger, der immer noch gerne mit anpackt, wenn es mal etwas Schweres „z' lupfe" (zu heben) gibt.

Dreisamtäler Summerfrischler

[Dreisamtäler Sommerfrischler]

- *1 ½ kg Himbeeren*
- *450 g Zucker*
- *450 ml Zitronensaft*
- *750 ml Metzgers Himbeergeist*
- *750 ml Wasser*

Wasser, Zucker und Zitronensaft aufkochen und abkühlen lassen. Zuckerwasser mit Himbeergeist und pürierten, durch ein Sieb gestrichenen Himbeeren mischen. In Flaschen abfüllen. Gut gekühlt genießen.

Prickelnde Variante: Ein Drittel Sommerfrischler mit zwei Dritteln badischem Winzersekt auffüllen.

Wiibrand-Triffili

[Weinbrand-Trüffel]

für ca. 40 Stück

- *50 g Zartbitter-Schokolade*
- *100 g Vollmilch-Schokolade*
- *125 g Butter*
- *125 g Puderzucker*
- *4 cl Metzgers Weinbrand*
- *5 EL Kakao*

Schokolade zerbröckeln und im heißen Wasserbad langsam schmelzen. Inzwischen Butter und Puderzucker schaumig rühren und esslöffelweise zur Schokolade geben. Kräftig durchschlagen und dabei Weinbrand und 3 EL Kakao zufügen. Abkühlen lassen, mit Pergamentpapier bedecken und noch 20 Min. in den Kühlschrank stellen. Mit dem restlichen Kakao die Hände bestäuben und die mit einem Teelöffel abgestochene Trüffelmasse zu kleinen Kugeln formen. In etwas Kakao wenden und jede in eine Pralinenmanschette legen.

Verkehrde seäße Bollehöäd

[Verkehrter süßer Bollenhut]

- *200 g Erdbeeren*
- *Saft und Zesten einer halben Limette*
- *2 cl Metzgers Weinbrand*
- *4 Kugeln Vanilleeis*
- *2 Eiweiß*
- *40 g Puderzucker*

Erdbeeren waschen, putzen und würfeln. Mit Limettensaft, Zesten und Weinbrand vermengen und in vier feuerfeste Schälchen verteilen. Eiweiß mit Puderzucker zu steifem Schnee schlagen. Jeweils eine Kugel Vanilleeis in jedes Schälchen geben. Eischnee locker auf den Eiskugeln verteilen, so dass alles abgedeckt ist. Unter dem vorgeheizten Grill ca. 5-6 Min. goldbraun überbacken. Sofort servieren.

Schwarzwälder Kirschdorde

[Schwarzwälder Kirschtorte]

Für den Biskuitteig:

- *6 Eier*
- *250 g Zucker*
- *1 Pck. Vanillezucker*
- *100 g Weizenmehl*
- *30 g Kakao*
- *120 g Speisestärke*
- *1 TL Backpulver*
- *1 TL abgeriebene Zitronenschale*
- *1 Prise Salz*
- *1 Schluck Metzgers Kirschwasser*

Für die Füllung:

- *350 g Sauerkirschen aus dem Glas*
- *35 g Speisestärke*
- *4 EL Zucker*
- *etwas Zitronenschale*
- *1 Prise Zimt*
- *¼ l Metzgers Kirschwasser*
- *5 Pck. Sahnesteif*
- *1200 ml Schlagsahne*
- *4 Pck. Vanillezucker*

- *Schokoladenraspel, Kirschen zur Garnitur*

Für den Biskuitteig die Eier mit dem Rührbesen (höchste Stufe) 1 Min. schaumig schlagen. Zucker mit Vanillezucker mischen, einstreuen und nochmals ca. 8 Min. schlagen. Kirschwasser, Zitronenschale und Salz dazugeben. Mehl, Stärke, Kakao und Backpulver mischen, auf die Eiercreme sieben, kurz auf niedrigster Stufe unterrühren. Den Teig in eine Springform (28 cm Ø, gefettet und mit Backpapier belegt) füllen, sofort im vorgeheizten Ofen (Ober-/Unterhitze: 170-200°) 35-40 Min. backen. Erkalten lassen, aus der Form lösen und zweimal durchschneiden.

Für die Tortenfüllung den Saft der Sauerkirschen auffangen, leicht erwärmen und Speisestärke, Zucker, Zitronenschale und Zimt einrühren. Kirschen dazugeben, unter ständigem Rühren erwärmen, bis die Masse fest ist (nicht kochen). Mit 3 EL Kirschwasser abschmecken. Abkühlen lassen.

Mit der Hälfte vom Viertelliter Kirschwasser den unteren Biskuitboden tränken, Kirschmasse auf den Boden streichen. Sahne mit Sahnesteif und Vanillezucker steif schlagen. Ein Drittel der Sahnemasse auf die Kirschmasse streichen (1 cm vom Rand freilassen). Den zweiten Boden darauf setzen und mit dem restlichen Kirschwasser tränken. Ein weiteres Drittel der Sahnemasse darauf streichen, den dritten Boden darauf setzen. Mit dem Rest der Sahnemasse (etwas zum Verzieren übrig lassen) die Torte oben und am Rand bestreichen. Tortenteiler leicht auf die Torte drücken. Mit Schokoladenraspeln, Sahnehäubchen und Kirschen verzieren.

Ein Händchen für Schnaps und Menschen

Elmar Müller *Ihringen*

Seitdem er die Brennerei seines Vaters übernommen hat, sind Elmar Müller nicht nur die großen Kirschbäume ans Herz gewachsen, sondern auch die Menschen, die er für seine Destillate begeistern kann. Dabei liegt sein Augenmerk auf milden, trinkfertigen Bränden, die man alljährlich am Wochenende vor Ostern bei Müllers gemütlichem Frühlingsfest degustieren kann. Dann nämlich öffnen Elfriede und Elmar Müller das Tor in der Riedgartenstraße 30 und laden in ihren Hof und den großen Hausgarten ein, der sich ganz in der Nähe des Ihringer Duft- und Kräutergartens im „Schlupf" befindet.

Flankiert von einem Imker, Korbflechter, Hobbykünstler und Schmuckdesigner, ist Elmar Müller dann ganz in seinem Element und mit seinen Bränden und Likören der kulinarische Mittelpunkt des kleinen Festes. Erfahrungsgemäß verlieben sich die Besucher spontan in seinen Gewürztraminerbrand, probieren den Williams Christ, Pfirsich- und Erdbeerlikör und gehen nicht, ohne von der Bärlauchbutter auf dem selbst gebackenen Brot von Elfriede Müller gekostet zu haben...

Obwohl Elmar Müller, dem man seine 60 Jahre nicht wirklich ansieht, so langsam etwas kürzer treten möchte, hat er immer noch ein großes Anliegen: die Kulturlandschaft des Kaiserstuhls mitzuprägen und zu erhalten. Auch aus diesem Grund ist der aufgeweckte Weinbaumeister mit dem ansteckenden Lachen vor einigen Jahren der Vereinigung „Kaiserstühler Edelbrenner" beigetreten.

Erdbeerbowle

- *1 kg frische Erdbeeren*
- *Zucker (nach Belieben)*
- *2 l Rosé-Wein*
- *1 ½ Flaschen Sekt*
- *200 ml Müllers Erdbeerlikör*

Erdbeeren waschen, putzen und klein schneiden, nach Bedarf mit Zucker süßen und mit dem Erdbeerlikör ansetzen. Für ca. 2 Std. in den Kühlschrank stellen. Erdbeeren mit der entstandenen Flüssigkeit in eine Bowleschüssel geben. Rosé-Wein dazugießen. Das Ganze über Nacht (mind. 12 Std.) im Kühlschrank kalt stellen. Den Sekt ebenfalls kalt stellen. Kurz vor dem Servieren die Bowle aus dem Kühlschrank nehmen und mit dem Sekt aufgießen.

Wer Eiswürfel zugeben möchte, sollte diese aus dem Rosé-Wein herstellen, damit die Bowle nicht verwässert.

Härrecreme

[Herrencreme]

- *½ l Milch*
- *2 EL Zucker*
- *1 Pck. Sahnepuddingpulver oder 40 g Mondamin*
- *100 ml Sahne*
- *2 cl Müllers Sauerkirschwasser oder Kirschwasser*
- *1 Pck. Raspelschokolade*

Aus Milch, Zucker und Sahnepuddingpulver oder Mondamin eine Creme zubereiten.

Nach dem Kochen sofort mit Klarsichtfolie abdecken, damit sich keine Haut bildet oder so lange rühren, bis die Creme kalt ist. In den Kühlschrank stellen. Nach dem Erkalten mit dem Rührgerät cremig rühren. Sahne steif schlagen und die Hälfte unter die Creme ziehen. Die andere Hälfte und etwas Raspelschokolade beiseite stellen. Sauerkirschwasser oder Kirschwasser und Raspelschokolade unter die Creme heben und in Dessertgläser oder eine große Glasschüssel füllen.

Zum Schluss die Creme mit der restlichen Sahne und Schokolade verzieren. Bis zum Servieren kaltstellen.

Kaiserschdiähler Kirschdorde

[Kaiserstühler Kirschtorte]

Den Tortenboden nach Belieben mit Kirschwasser tränken. Saft der Sauerkirschen auffangen, Sauerkirschen auf dem Boden verteilen. Den Saft (bei Bedarf mit Wasser ergänzt) mit Tortengusspulver und Zucker nach Packungsanweisung aufkochen und auf den Sauerkirschen verteilen. Auskühlen lassen. Sahne steif schlagen und auf den Sauerkirschen verteilen, glatt streichen. Zum Schluss mit geriebener Blockschokolade garnieren.

In den Bauersfamilien am Kaiserstuhl ist die Zeit oft knapp. Diese Variante der Schwarzwälder Kirschtorte lässt sich etwas schneller als das Original zubereiten.

Für den Biskuitteig:

- *3 Eier*
- *150 g Zucker*
- *1 Pck. Vanillezucker*
- *90 g Mehl*
- *30 g Kakao*

Für den Belag:

- *Müllers Kirschwasser (Menge nach Belieben)*
- *1 großes Glas Sauerkirschen*
- *2 Pck. Tortenguss*
- *Zucker nach Packungsanweisung*
- *3 Becher Sahne*
- *Blockschokolade*

Eier schaumig schlagen, Zucker und Vanillezucker zugeben und zu einer cremigen Masse weiter schlagen. Mehl und Kakao unterheben. Im Ofen bei 200° 12-15 Min. backen. Auskühlen lassen.

Der Turmfalke wacht über den Apfelbäumen

Daniel Scherer *Endingen*

Wenn es an einem nicht mangelt auf dem Aussiedlerhof der Familie Scherer, dann ist es die Vielfalt an Obst und Gemüse – und die Arbeit. 12 Hektar Reben und rund 3 Hektar Obstbäume bewirtschaftet Daniel Scherer mit seinen 27 Jahren, tatkräftig unterstützt von den Eltern Waltraud und Heinz. Die beiden kümmern sich verstärkt um den Hofladen, wo man die ganze Pracht – 15 Sorten Äpfel, dazu Kirschen, Mirabellen, Zwetschgen und vieles mehr – und nicht zuletzt die einzigen „waschechten Endinger Kartoffeln" erstehen kann, was Daniel Scherer mit einem kleinen Schmunzeln betont. Darüber hinaus nutzt der junge Winzermeister gemeinsam mit seiner Freundin Nathalie die Wochenmärkte in Endingen und Riegel als weitere Möglichkeiten der Direktvermarktung.

So perfekt wie sein Tafelobst sind auch die Früchte, die der ausgebildete Brenner für seine Edelbrände verwendet. Über ein Hektar der Anlagen mit Apfel-, Birn- und Kirschbäumen befindet sich direkt hinterm Hof – mehr Regionalität und kürzere Lieferwege gibt's nicht! Weil der Endinger gerne Hand in Hand mit der Natur arbeitet, hängen viele Nistkästen in den Bäumen, und hoch über den Baumkronen thronen sogar Turmfalken mit ihren Jungen, die die Mäusepopulation in Schach halten.

Dass Daniel Scherer gerne Verantwortung übernimmt, zeigt sich auch daran, dass er seit seinem 23. Lebensjahr und damit der Jüngste im Aufsichtsrat der Winzergenossenschaft Endingen ist und sich bei der Endinger Feuerwehr engagiert. Als Fahrer und Maschinist ist er dort eine wichtige Stütze – und für den Brenner, der berufsbedingt ja eigentlich das Feuer liebt, sind die Montagabende im Feuerwehrhaus eine willkommene Abwechslung.

Herdepfel-Biireschüüm-Sibbli

[Kartoffel- Birnenschaum-Süppchen]

für 5 Personen

- *700 ml Gemüsebrühe*
- *500 g mehlig kochende Kartoffeln*
- *125 ml süße Sahne*
- *4 EL Scherers Williams-Christ-Birnenbrand*
- *3 Birnen (Williams Christ)*
- *2 EL Butter*
- *2 Zwiebeln*
- *Salz, Pfeffer*

Für die Garnitur:

- *geschlagene Sahne*
- *Brotcroûtons*

Birnen schälen und in Stücke schneiden. Kartoffeln schälen und in Würfel schneiden. Zwiebelscheiben in heißer Butter andünsten. Birnenstücke dazugeben und 3-4 Min. mit andünsten. Kartoffelwürfel zugeben und mit der Gemüsebrühe ablöschen. Ca. 20 Min. köcheln, bis die Kartoffeln weich sind, danach pürieren. Sahne unterrühren. Mit Salz, Pfeffer und Birnenbrand würzen. Nochmals 10 Min. leicht köcheln. Abschmecken, eventuell nachwürzen. Mit Sahnehaube und Brotcroûtons garnieren.

's Obschdbrenners seäßi Gedangge

[Süße Obstbrenner-Phantasie]

für 5-6 Personen

- *150 g Sahne*
- *60 g Zucker*
- *40 g Raspelschokolade*
- *5 cl Scherers Kirschwasser*
- *4 Eigelb*

Für die Garnitur:

- *100 g Sauerkirschen*
- *75 g Raspelschokolade*
- *Scherers Schokolikör*

Eigelb mit Zucker in einer Schüssel im Wasserbad warm und kalt schlagen. Sahne steif schlagen und mit Kirschwasser unterheben. Raspelschokolade beimischen. Masse in Förmchen abfüllen und 12 Std. gefrieren lassen. Die angefrorene Masse auf Teller stürzen. Kirschen erwärmen und mit Saft auf die Teller verteilen. Nach Belieben garnieren.

Herdepfeldorde

[Kartoffeltorte]

- *400 g Kartoffeln (vorwiegend festkochend), geschält, gekocht und zerdrückt*
- *225 g Zucker*
- *150 g Haselnüsse, fein gerieben*
- *50 g Mandeln oder Walnüsse, fein gerieben*
- *5 EL Grieß*
- *5 Eigelb*
- *5 Eischnee*
- *3 EL Milch*
- *2 EL Scherers Obstbrand*
- *3 TL Backpulver*
- *Saft und Schale von 1 Zitrone (unbehandelt)*
- *Butter und Semmelbrösel zum Einfetten*

Für die Füllung und Garnitur:

- *200 ml Marmelade (z.B. Orange, Kirsche oder Zwetschge)*
- *16 Mandeln*
- *8 Kirschen zur Deko*
- *Puderzucker nach Belieben*

Eigelb, Milch, Obstbrand und Zucker gut verrühren. Zitronensaft und -schale hinzugeben. Kartoffeln, Nüsse, Grieß und Backpulver zugeben und gut verrühren. Eiweiß fest schlagen und langsam unterheben. Eine Springform einfetten und mit Semmelbröseln bestreuen.

Die Masse in eine Springform füllen und bei ca. 180° 35-45 Min. backen. Herausnehmen und kühl stellen. Die Torte vor dem Servieren mit einem großen Messer einmal quer durchschneiden und mit Marmelade füllen. Mit Mandeln, Kirschen und Puderzucker nach Belieben garnieren.

Jedes Jahr was Verrücktes

Jürgen Steinhauser *Herbolzheim-Wagenstadt*

Was macht ein Stahlbauschlosser in jeder freien Minute? Im Fall von Jürgen Steinhauser geht er in die Reben und fast noch lieber in die Obstanlagen, um die Grundlage für seine exquisiten Schnäpse und Liköre zu pflegen und zu ernten.

Der nebenberufliche Winzer, Landwirt und Brenner ist gern von Flaschen umgeben: kleinen, großen, runden, eckigen, in der Form eines Saxophons oder mit einem kleinen Traktor innen drin. Je ausgefallener, desto besser. Und seit seinem 16. Lebensjahr interessiert ihn das, was man da hinein füllen kann: edle Brände und Liköre aus Kirschen, Birnen, Zibärtle, Hafer- und Löhrpflaumen und vor allem aus der Wagenstadter Pflaume, die ihren Ursprung in seinem Heimatort hat. Die Geschichte dahinter: Fahrendes Volk soll einmal Steine dieser Pflaumensorte liegen gelassen haben, aus denen die Dorfbewohner Bäume zogen.

Von Leidenschaft und Kreativität zeugt Jürgen Steinhausers Sortiment: Liköre von Gurken, Paprika und Sellerie, Meerrettich, Rote-Bete und Karotten oder Himbeer-Chili-Likör sind Exoten, mit denen er seine Kundschaft restlos begeistert. Jedes Jahr kommt eine neue, „verrückte" Kreation hinzu, wie zum Beispiel Likör vom Brennnesselsamen, dem „Kaviar des kleinen Mannes". Ein Blick in Steinhausers „Entwicklungsabteilung" lohnt sich deshalb immer.

Gleichzeitig geht der Brenner gern auf interessierte Genießer zu: auf den Weihnachtsmärkten in Herbolzheim und Emmendingen, auf der Straßenfasnet in Herbolzheim oder ganz privat, denn Jürgen Steinhauser kann man für „mobile" Schnaps- und Likörproben buchen.

Gridderdrunk mid „ebbis" drin

[Kräutertrunk mit „etwas" drin]

- *je 3 Stängel von folgenden frischen Kräutern: Pfefferminze, Melisse, Brennnessel, Löwenzahn, Giersch*
- *500 g Buttermilch*
- *½ Zitrone*
- *20 g Zucker*
- *200 ml Steinhausers Kräuterbrand*

Von den Kräuterstängeln die Blätter abzupfen und mit dem Zauberstab pürieren. Buttermilch, ausgepresste Zitrone, Zucker und Kräuterbrand mit dem Zauberstab untermengen. Durch ein Sieb gießen und kühl stellen. In Gläser füllen und servieren.

Gold-Kirsch-Wirfel-Subbe

[Gold-Kirsch-Würfel-Suppe]

- *2 Scheiben Toastbrot (getoastet)*
- *2 Eier*
- *2 EL Steinhausers Kirschwasser*
- *Pfeffer, Muskatnuss, Paprika*
- *Olivenöl*
- *½ l klare Brühe*
- *Schnittlauch*

Toast in Würfel von 2 x 2 cm schneiden. Eier, Kirschwasser und Gewürze verquirlen, die Würfel hineingeben und die Flüssigkeit aufsaugen lassen. Würfel in Olivenöl ausbacken, in Suppenteller geben und mit der heißen Brühe übergießen. Mit Schnittlauchröllchen servieren.

Wagestadter Pflüme-Driff'l

[Wagenstadter Pflaumen-Trüffel]

- *80 g Butter*
- *80 g Puderzucker*
- *20 g Kokosfett*
- *200 g Zartbitterschokolade*
- *100 ml Steinhausers Brand aus Wagenstadter Pflaumen*
- *Puderzucker zum Verzieren*

Butter, Puderzucker, Kokosfett, Schokolade und Pflaumenbrand miteinander ins Wasserbad geben und rühren, bis eine cremige Masse entsteht. Masse für 2 Std. in den Kühlschrank stellen. Nach dem Herausnehmen in einen Spritzbeutel mit Lochtülle füllen und kleine Häufchen auf ein Blech spritzen. Über Nacht kühl stellen. Die Häufchen mit den Händen zu Kugeln formen und in Puderzucker wälzen. Kühl aufbewahren.

Ein Anisgeist für die Götter

Hanspeter und Marcel Weiß *Bahlingen*

Das waren noch Zeiten, als Hanspeter Weiß sich als kleiner Junge nach einer Schneeballschlacht auf Papas gemauertes Brenngeschirr setzen durfte, um sich aufzuwärmen. Das „Brennhisli“ war damals noch eine echte Männerdomäne, wo sich an kalten Wintertagen Nachbarn und Bekannte trafen, um das Neueste aus dem Dorf, so manchen Witz und auch das eine oder andere Männermagazin auszutauschen, das ganz schnell unter dem Kissen verschwand, wenn eine Frau unverhofft den Raum betrat.
Mitte der 80er-Jahre übernahm Hanspeter Weiß den traditionsreichen landwirtschaftlichen Betrieb von seinem Vater, erweiterte ihn und entdeckte den Anbau von Freiland-Schnittrosen als Nische. Die duftenden Schönheiten werden heute von Ehefrau Waltraud und ihrem Team zu professioneller Floristik verarbeitet und bereichern Läden und Wochenmärkte in der Region.

Die Leidenschaft für das Brennen hat Hanspeter Weiß von seinen Vorfahren geerbt. Und auch Junior Marcel interessiert sich von Kindesbeinen an „brennend“ für das Thema, weshalb er auch eine Ausbildung zum Destillateur absolviert hat.

Gemeinsam macht es so noch mehr Spaß, sich den Streuobstwiesen mit den 100-jährigen Apfelbäumen, dem „Aprikoseäckerli“ und den Intensivkulturen zu widmen. Sie liefern die Früchte für den aromatischen Obstler oder den Aprikosenbrand, auf den Hanspeter und Marcel Weiß besonders stolz sind.

Jüngster „Coup“ der beiden Brenner ist ein Anisgeist, dessen Rezept sie von einem befreundeten Griechen erhielten, der es wiederum von seinem Großvater überliefert bekam. Diese milde, feine Liaison aus griechischem Anis und badischem Tresterbrand schmeckt genau so „göttlich“ wie die Rosenbowle, die Waltraud Weiß regelmäßig zubereitet. Man darf also gespannt sein, welche kulinarischen Kreationen als nächstes die Mauern des neuen „Brennhislis“ verlassen, das sich so lässig mediterran an den Rosengarten schmiegt.

Rosebowle üs'm Rosehof

[Rosenbowle aus dem Rosenhof]

1 kg Zucker
1 l Wasser
½ l trockener Weißburgunderwein vom Rosenhof
trockener Weißburgundersekt oder Rosecco vom Rosenhof
- *ca. 15 Duftrosenblüten (vorzugsw. Sorte „Rose de Resht" vom Rosenhof)*
- *Duftrosenblüten zur Dekoration*

Zucker mit Wasser aufkochen und erkalten lassen. Weißburgunderwein dazugeben. Duftrosenblüten in die Flüssigkeit geben und 1 Std. ziehen lassen.

Blüten abseihen und die Bowle mit Weißburgundersekt oder Rosecco aufgießen und mit frischen Rosenblütenblättern servieren.

Abrikose-Walnusshiffli mid Abrikoseschnabs

[Aprikosen-Walnusshäufchen mit Aprikosenschnaps]

- *125 g Aprikosen, getrocknet*
- *3 EL Aprikosenschnaps vom Rosenhof*
- *200 g Marzipanrohmasse*
- *100 g Puderzucker*
- *200 g Zartbitter-Kuvertüre*
- *Walnusshälften zum Verzieren*

Aprikosen klein schneiden und im Aprikosenschnaps mehrere Stunden einweichen. Aprikosen, Marzipanrohmasse und gesiebten Puderzucker zu einer geschmeidigen Masse kneten. Aus dieser Masse ca. 2,5 cm dicke Rollen formen. Kühlstellen, eventuell kurz ins Gefrierfach legen.
Kuvertüre im Wasserbad schmelzen. Die Rollen in ca. 1 cm dicke Scheiben schneiden und in die flüssige Kuvertüre tauchen. Mit einer Walnusshälfte verzieren und trocknen lassen.
Das Konfekt kann in einer Blechdose aufbewahrt werden.

Kaasköäche mid Anisgeischd

[Käsekuchen mit Anisgeist]

Für den Teig:

- *200 g Mehl*
- *4 EL kalte Butter*
- *½ EL Milch*
- *1 TL Anisgeist vom Rosenhof*
- *1 Ei*
- *1 Prise Salz*

Für die Füllung:

- *4 Eier*
- *100 g Zucker*
- *4 EL Honig*
- *1 EL Anisgeist*
- *600 g Sahnequark*
- *frische Melissenblätter nach Belieben*
- *Puderzucker oder Mandelkrokant*

Alle Zutaten für den Teig kneten und kalt stellen. Für die Füllung Eier, Zucker und Honig schaumig rühren. Anisgeist und Sahnequark hinzugeben und verrühren. Nach Belieben einige Melissenblätter hinzufügen. Eine gefettete Springform (26 cm Ø) mit dem Teig auskleiden und die Quarkfüllung eingießen. Bei 170° ca. 40-50 Min. backen.

Den Kuchen nach dem Erkalten nach Belieben mit Puderzucker oder Mandelkrokant garnieren.

Kleines Brenner-Lexikon

Abfindungsbrennerei – nicht zollamtlich verschlossene Brennerei, bei welcher der erzeugte Alkohol – im Unterschied zur –> Verschlussbrennerei – nicht mit Messinstrumenten erfasst, sondern im Voraus verbindlich anhand amtlicher Ausbeutesätze errechnet wird. In der Regel verbleibt dem Abfindungsbrenner eine sog. steuerfreie Überausbeute. Abfindungsbrenner verfügen über ein jährliches Brennkontingent von 50 oder 300 Litern reinem Alkohol. Die Brennzeit muss vom Zoll genehmigt werden.

Abschnittsbrennen – Jeder Abfindungsbrenner hat die Möglichkeit, sich je nach Ertrag der Obststoffe im 10-Jahres-Abschnitt frei zu bewegen, d.h. er darf in einem oder mehreren Jahren mehr als das Jahreskontingent von 300 Litern Alkohol brennen, im 10 Jahres-Abschnitt aber nicht mehr als 3.000 Liter. Abschnittsbrennen ist nicht möglich bei Topinambur und –> Lohnbrennen.

Alkohol – *(arab.: „das Reinste und Feinste einer Sache")* Hauptprodukt der Hefegärung. Unter Alkohol wird genauer der Ethylalkohol (Ethanol) verstanden.

Alkoholometer – Senkkörper (Spindeln), mit denen der Alkoholgehalt in wässrig-alkoholischen Lösungen ermittelt werden kann.

Aromen – spezifischer Geruch bzw. Geschmack von Lebensmitteln. Die natürlichen Aromen der Früchte bestimmen die Qualität eines Obstdestillats. Der Zusatz von Aromen in Obstbränden und Obstgeisten ist in Abfindungsbrennereien nicht erlaubt.

Ausbeuten – geben den erzeugten Alkoholgehalt in Litern je Hektoliter Brennmaterial (Maische, Most) an.

Brand – (auch: Wasser) Destillat, bei dem der Alkohol ausschließlich aus der in der Verkehrsbezeichnung genannten Frucht stammt, also bei einem Kirschbrand oder Kirschwasser zu 100 % aus Kirschen.

Branntwein – Bezeichnung nach den europäischen Begriffsbestimmungen für –> Spirituosen, die auf Weinbasis hergestellt und zu weniger als 86 % vol. destilliert worden sind.

Brennblase – Brennkessel, meist aus Kupfer, in dem vergorene Maische oder Moste destilliert werden. Kupfer ist ein guter Wärmeleiter und absorbiert schädliche Inhaltsstoffe der Maischen. Die Brennblase in Abfindungsbrennereien muss weniger als 150 Liter Füllinhalt haben.

Brennrechte – sind an ein landwirtschaftliches Anwesen und dessen Eigentümer gebunden. Sie können vererbt, gepachtet oder verkauft werden. Wird ein Brennrecht nach Ablauf von 10 Jahren nicht genutzt, verfällt es.

Bundesmonopolverwaltung für Branntwein (BfB) – Bundesoberbehörde, die dem Bundesministerium der Finanzen untersteht. Ihre Aufgabe besteht in der Übernahme des im Bundesgebiet hergestellten Agraralkohols aus kleinen und mittelständischen, überwiegend landwirtschaftlichen Brennereien sowie in der Reinigung und dem Verkauf dieses Alkohols.

Destillieren – *(lat.: destillare „herabtröpfeln")* Thermisches Trennverfahren, um ein Gemisch verschiedener, ineinander löslicher Stoffe zu trennen. Eine (vergorene) Flüssigkeit wird durch Erhitzen verdampft. Die zunächst alkoholreichen Dämpfe werden durch Kühlung wieder verflüssigt und so als Destillat (Kondensat) aufgefangen.

Edelbrände – aromareiche Destillate von besonders hoher Qualität.

Einmaischen – (auch: Einschlagen) Einbringen von Obst in einen Gärbehälter, in dem die Früchte vergoren oder überspritet werden können.

Flambieren – *(franz.: flamber = abflammen)* Übergießen von Speisen mit hochprozentigem Alkohol (mind. 40 % vol.), der entzündet wird. Der Alkohol verbrennt und hinterlässt seine Aromastoffe in der Speise.

Feinbrand – zweite Destillation, bei der der –> Lutter (Rohbrand, Raubrand) nochmals gebrannt wird und der Mittellauf – das Herzstück – separiert wird.

Dephlegmator – Kühler im aufsteigenden Dampf. Dadurch kondensiert ein Teil des Dampfes und wird wieder auf die Böden oder in die Brennblase geleitet. So entsteht eine Gegenstromdestillation, die in einem Abtrieb ein hochwertiges Destillat erzeugt.

Digestiv – Verdauungsfördernde Spirituose, in der Praxis ein edles Destillat, als Abschluss eines Menüs.

Fuselöle – Gemisch aus mittleren und höheren Alkoholen, die bei der alkoholischen Gärung entstehen und als Geschmacks- und Aromaträger dienen. In hohen Dosen können Fuselöle zu schweren Gesundheitsschädigungen führen. Hohe Anteile an Fuselölen zeugen von einer nicht sachgemäßen Vergärung.

Gärung – Stoffwechselprozess, aus dem Mikroorganismen unter Luftabschluss Energie für ihr Wachstum gewinnen können. Die bekannteste Gärung ist die alkoholische Gärung durch Hefen, bei der Zucker über mehrere Zwischenstufen zu Ethanol und Kohlendioxid umgewandelt wird.

Geiste (Obstgeiste) – Für die Herstellung von Geist wird Ethylalkohol landwirtschaftlichen Ursprungs (> 96 % vol.), sog. –> Sprit verwendet, der das Aroma aus den zuckerarmen Beerenfrüchten löst (Mazeration), wobei anschließend noch zusätzlich destilliert wird. Geiste können z.B. von Himbeeren, aber auch von Gemüse, Nüssen oder anderen pflanzlichen Stoffen wie Kräutern oder Rosenblättern hergestellt werden. Der Mindestalkoholgehalt beträgt 37,5 % vol.

Geistrohr – Rohrstück am Brenngeschirr, das die Alkohol-Wasser-Dämpfe vom Brennhelm (Hut) oder –> Dephlegmator (Kondensator) zum Kühler weiterleitet.

Glockenböden –Verstärkungsböden in einer –> Kolonne. Brenngeräte in Abfindungsbrennereien dürfen maximal 3 Verstärkungsböden haben.

Katalysator – Moderne Brenngeräte haben einen Katalysator aus Kupfer, um schädliche Stoffe wie Blausäure im Destillat zu vermindern.

Kolonne – Umgangsbezeichnung für eine Brennanlage mit Verstärkungseinrichtungen wie Glocken- oder Siebböden und aufgesetztem –> Dephlegmator.

Likör – besteht aus Frucht, Alkohol und Zucker; der Mindestalkoholgehalt beträgt 15 % vol. Im Gegensatz zu Geisten darf auch selbst erzeugter Alkohol verwendet werden. Der Zuckergehalt muss mindestens 100 g/Liter betragen.

Lohnbrennen – Jede Person kann das Kontingent einer Abfindungsbrennerei im Lohnbrennen nutzen. Der rechtliche Hersteller ist der Inhaber des Kontingents und muss daher auch für eventuelle Unregelmäßigkeiten geradestehen. Der Name des Kontingentnehmers taucht in der Brennereianmeldung nicht auf. Lohnbrennen muss nur auf der Brennereianmeldung angegeben werden.

Lohnbrennen, vereinfachtes – Übernahme von Kontingenten, die andere Brenner nicht ausgeschöpft haben. Der Kontingentgeber muss 30 Liter Alkohol selbst – mit selbst gewonnenen oder auch zugekauften Stoffen – abbrennen. Der Kontingentnehmer kann das restliche Kontingent auf seiner eigenen Brennerei abbrennen. Sein gesamtes in diesem Brennjahr erzeugtes Material muss selbst gewonnen sein. Er darf im Jahr maximal 540 Liter reinen Alkohol auf diese Weise zusätzlich erzeugen. Das vereinfachte Lohnbrennen muss vom Hauptzollamt genehmigt werden.

Lutter – Bezeichnung für den Raubrand (Rohbrand). Dieser ist der erste, minderwertige Teil eines Destillationsverfahrens und wird im Feinbrand nochmals destilliert.

Maische – Rohstoff (z.B. zerkleinertes Obst), der destilliert wird.

Malz – Getreide, das einem kontrollierten Keimvorgang unterzogen und wieder getrocknet wird. Es dient als Grundlage zur Herstellung von Bier und Whisky.

Mittellauf – Teil der Destillation („Herzstück"), den man für die Brandherstellung verwendet.

Nachlauf – unerwünschter Teil des Destillates, der –> Fuselöle und Ester enthält und beim Feinbrand abgetrennt wird.

Obstler – Brand, der aus verschiedenen Früchten, vor allem aus Äpfeln und Birnen, hergestellt wird. Die Früchte werden gemeinsam eingemaischt und vergoren.

Reinzuchthefen – dienen zur besseren Vergärung von –> Maischen.

Schlempe – von Alkohol befreiter Rückstand einer –> Maische.

Spirituosen – alle zum menschlichen Genuss bestimmten Getränke, die aus vergorenen zuckerhaltigen Stoffen oder durch Beimengung von Alkohol hergestellt wurden.

Sprit – hochgereinigter Ethylalkohol landwirtschaftlichen Ursprungs mit mind. 96 % vol. zur Herstellung von –> Geisten (Obstgeisten).

Stoffbesitzer – natürliche Personen ohne eigenes Brenngerät, die in Deutschland aus selbst erzeugtem Obst auf einer fremden –> Abfindungsbrennerei bis zu 50 Liter reinen Alkohol (100 % vol. Ethylalkohol) in einem Betriebsjahr (1. Oktober bis 30. September) brennen lassen dürfen.

Trester – bei der Wein-, Obst- und Süßmostbereitung anfallende ausgepresste Rückstände. Am meisten verbreitet sind Weintresterbrände, die in Frankreich als Marc und in Italien als Grappa bezeichnet werden.

Trinkstärke – endgültiger Alkoholgehalt eines Destillats, meist erreicht durch Zugabe von Wasser.

Verschlussbrennerei – Brennerei, die durch Plomben verschlusssicher gemacht wurde. Keine Begrenzung des erzeugten Alkohols. Besteuerung nach Menge des erzeugten Alkohols, die über eine Alkoholuhr oder in Auffangbehältern gemessen wird.

Volumenprozente – Maß für den Anteil eines Stoffes an einem Gemisch, bezogen auf das Volumen. Volumenprozente geben an, wieviel cm^3 Substanz in 100 cm^3 enthalten sind (bei Spirituosen: Alkoholgehalt).

Vorlauf – Teil des Destillats, der beim Feinbrennen als erster abgetrennt wird. Neben Alkohol befinden sich darin hauptsächlich niedrig siedendes Acetaldehyd und Essigsäureethylester, die als scharfe, stechende Stoffe unerwünscht sind.

Zibarte (Zibärtle) – Wildpflaume, die erstmals schriftlich von Hildegard von Bingen erwähnt wurde. Die Zweige dieses kleinen Baumes sind mit Dornen besetzt.

Zollamt – Der vorgesehene Brenntermin (Tag) mit genauer Angabe der Früchte, der exakten Menge und der genauen Manndauer (Uhrzeit) sind dem Hauptzollamt Stuttgart rechtzeitig zu melden. Erst wenn ein Bescheid mit Genehmigung vorliegt, darf mit dem Destillieren begonnen werden. Die erforderliche Brenngenehmigung, die dem Zöllner die unangekündigte Kontrolle ermöglicht, ist gleichzeitig ein Steuerbescheid.

Streuobstwiese

Nussmaische

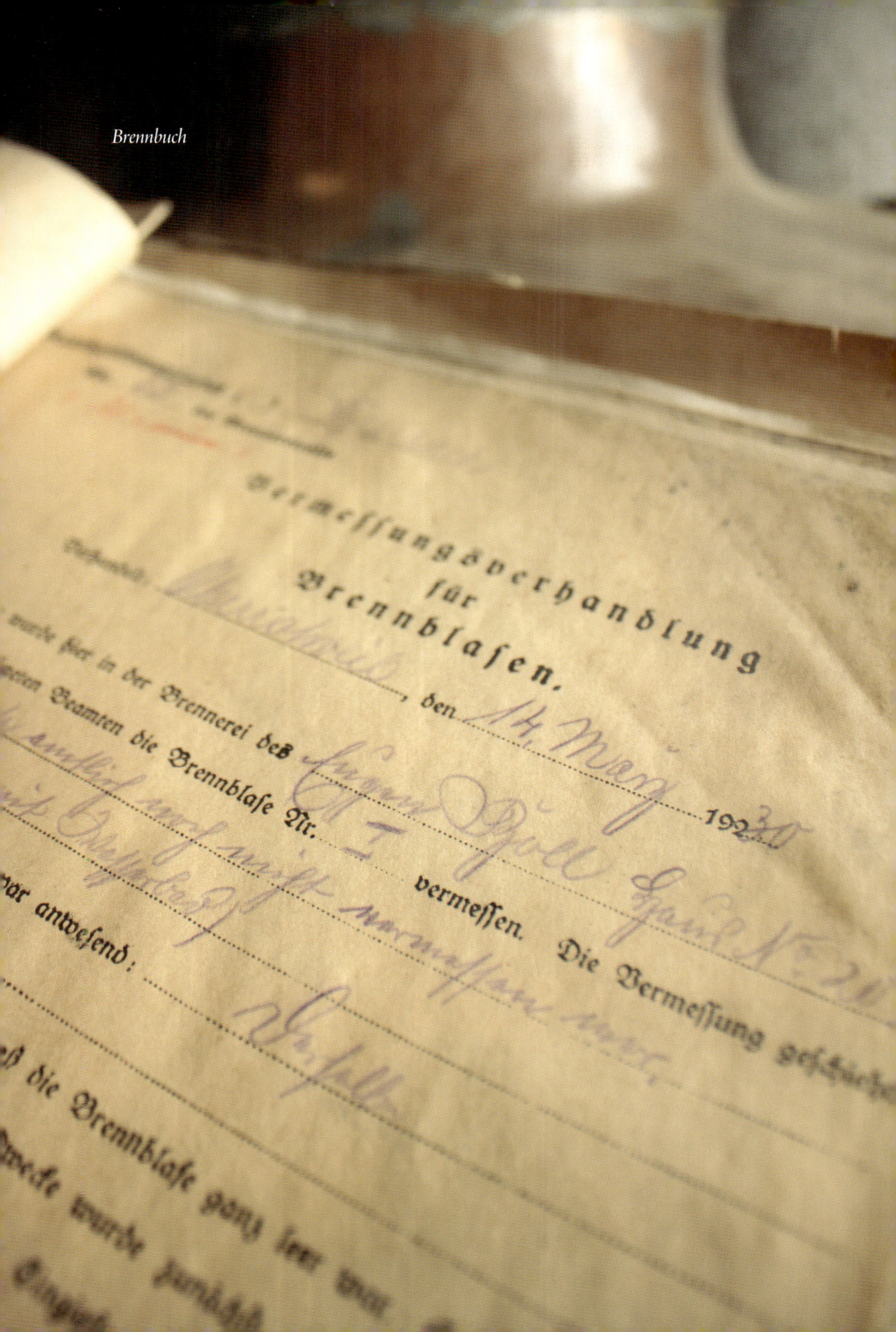
Vermessungsverhandlung
für
Brennblasen.
wurde hier in der Brennerei des
Beamten die Brennblase Nr.
vermessen. Die Vermessung
war anwesend:
die Brennblase ganz leer war
Zwecke wurde

Maische im Brennkessel

Fertiges Destillat

Apfel-
brand
Brenn-
hüsli

79 l
Trester
01.07
'97
Weinbrand
Albert-Ludwig-
Universität

Besuch vom Zoll

Was brennend interessieren wird...

Auf den folgenden Seiten finden Sie die ersten Adressen für Erzeuger von Edelbränden im Breisgau und Kaiserstuhl. Probieren Sie die regionale Vielfalt einer der bezauberndsten Kulturlandschaften Badens.

HAUSBRENNEREI
FERIENWOHNUNGEN
FRIDOLIN BAUMGARTNER

Hausbrennerei seit 1983

Die Palette heimischer Früchte und Weinprodukte ist die Grundlage unserer Edelbrände. Die Erfolge der letzten Jahre bei der „Destillata" zeigen die Beständigkeit der Qualität unserer Produkte.
Erwähnung im Gault Millau Baden-Württemberg.
Raritäten: Bärlauch, Wildrebenblüten, Akazienblüten, Beerenbrände

Verkostungen · Schaubrennen · Edelbrände
Ferienwohnungen · Gästezimmer

Badbergstraße 9
79235 Vogtsburg-Oberbergen
Tel. 07662-6646
Fax 07662-6086
info@ferienhaus-baumgartner.de
www.hausbrennerei-baumgartner.de

Brennerei Sibylle Breisacher

Sehen. Erleben. Genießen.
Breisachers prämierte edle Brände nach Familientradition.

- Schauen Sie der Schnapsbrennerin über die Schulter
- Im Winter Schnapsprobe am Lagerfeuer
- Kaiserstühler Gartenvielfalt: Tauchen Sie ein in unser Idyll voller einheimischer und mediterraner Pflanzen auf 3500 m^2
- Besichtigung für Gruppen nach Vereinbarung
- Events

Wasenweilerstr. 26
79241 Ihringen
Tel. 07668-5657
Breisacher.Edelbrand@gmx.de

ANDREAS Weingut & Brennerei DILGER

Ökologische Bewirtschaftung von Reben und Streuobstwiesen am Freiburger Schönberg

- Weine aus neuen pilzwiderstandsfähigen Rebsorten
- Edle Obst- und Tresterbrände
- Traditionelle Likörzubereitung

Urachstr. 3
79102 Freiburg
Tel. 0761-1377111
Mobil 0176-21048793
info@weingut-andreas-dilger.de
www.weingut-andreas-dilger.de

FAUDE feine BRÄNDE
HAUSBRENNEREI KAISERSTUHL/BADEN

SORTENREIN.

HANDVERLESEN.

SORGFÄLTIG DESTILLIERT.

Florian Faude
Bergstr. 18
79268 Bötzingen
Tel. 07663-6075255
Fax 07663-6075256
Mobil 0163-1647825
office@faude-feine-braende.com
www.faude-feine-braende.com

KLEINBRENNEREI Fitzke

Das Obst für unsere Obstbrände und Liköre bauen wir selbst unter Verzicht auf chemisch-synthetische Pflanzenschutz- und Düngemittel an.

Das Getreide für unsere Whiskys, Wodkas und Kornbrände beziehen wir aus kontrolliert biologischem Anbau.

Alle unsere Edelbrände sind ohne Zuckerzusatz, ohne künstliche Aromen und ohne Farbstoffe.

Bei uns finden Sie eine einmalige Vielfalt an Whiskys und Obstbränden.

Riedstraße 18
79336 Herbolzheim-Broggingen
Tel. 07643-1523
Fax 03212-1128271
info@kleinbrennerei-fitzke.de
www.kleinbrennerei-fitzke.de

Kaiserstühler Hausbrennerei Christel und Arno Gerhart

Klein aber fein ist der Obst- und Weinbaubetrieb, den wir seit drei Generationen in Jechtingen am Kaiserstuhl bewirtschaften. Das milde Klima und ein hervorragender Boden ermöglichen uns den Anbau vielfältiger Kulturen. Verschiedene Obstsorten verarbeiten wir in unserer Hausbrennerei.
Nur vollreife, gesunde Früchte gelangen in die kupferne Brennblase. Hier werden sie zu feinsten Bränden und Likören veredelt. Zahlreiche nationale und internationale Prämierungen unterstreichen ihre hohe Qualität.

Küchenmatten 17
79361 Sasbach-Jechtingen
Tel. 07662 - 6101
Fax 07662 - 80169
arno-gerhart@t-online.de
www.arno-gerhart.de

KLARA GLATZ

Feine Brände und Liköre

*Obst und Beeren aus **reiner Natur,** die **Sorgfalt des Brennens** und **die Liebe** zu **echter Qualität** lassen die feinen Brände und **Liköre vom Buckhof** zum Genuss werden.*

Buckhof 1
79348 Freiamt
Tel. 07645-445
Fax 07645-443
k.glatz@glatz-galabau.de
www.klara-glatz.de

Gasthaus KAISERSTUHL

Familie GULDENFELS

FEINE EDELBRÄNDE aus eigener Hausbrennerei

In der Hausbrennerei der Familie Guldenfels werden schon seit Generationen feine Edelbrände hergestellt, die in jüngster Zeit auch im Ausland vielfach prämiert wurden.

Als ausgebildeter Brenner ist Edmund Guldenfels Absolvent des ersten Kurses in Deutschland als „Landwirtschaftlicher Brennmeister".

Geöffnet
MO · DI · FR · SA ab 18 Uhr

Breisacherstr. 17
79331 Teningen-Nimburg
Tel. 07663-2261
Fax 07663-607105

Hans Gut

Qualität aus Tradition

Edle Obstbrände und Tresterbrände
für Kenner, die das Besondere mögen.

Destillate • Verkostungen

Hans Gut
Im Baumgarten 17
79235 Vogtsburg-Oberbergen
Tel. 07662-1252

Traditionsreich. Ökologisch. Qualitätsorientiert.
Unser Weingut wirtschaftet seit 1991 mit großem Erfolg nach den Richtlinien des Bioland-Verbandes. Neben Weinanbau ist der Obstanbau ein wichtiges Standbein und das Destillieren von Edelbränden ein Steckenpferd von Norbert Helde.
Auch bieten wir Feinkostprodukte wie Handgesammelter Winzertee, Kaiserstühler Walnusstorte, Konfitüren und eigenes Walnussöl an.

Weinproben · Kulinarische Weinveranstaltungen
Edelbrand-Menüs · Weinbergs- und Kräuterwanderungen
Ferienwohnungen · Mithilfe bei der Weinlese

Norbert Helde
Emil-Gött-Straße 1
79361 Sasbach-Jechtingen
Tel. 0 76 62-6116
Fax 0 76 62-6160
info@wein-helde.de
www.wein-helde.de

Henninger's Rebenveredlung

Edle Liköre & Brände

aus der eigenen Hausbrennerei

- Rebenpflanzgut / Hochstammreben verschiedenster Arten
- Tafeltrauben für Garten, Hauswand, Pergolen
- Likör- und Destillatproben (auch außer Haus)
- Mundgeblasene Flaschen & Gläschen, z.B. Radfahrer, Golfer, Fußballer uvm.
- Fruchtiger Kirschessig ähnlich dem Balsamico, z.B. zu Tomatensalat, grünen Salaten, Wildgerichten u.vm.
- Ferienwohnung

Endingerstr. 49
79346 Endingen-Königschaffhausen
Tel. 07642-8760
Fax 07642-924451
manfred-henninger@web.de
www.reben-und-schnaps.de

Scharbachhof
Familie Herbstritt

Willkommen im Herzen des Glottertals!

Urlaub auf dem Bauernhof
5 Ferienwohnungen mit faszinierendem Panoramablick

Gläserne Hausbrennerei
Erleben Sie live, wie feine Schnäpse gebrannt werden

Damwildhaltung
Beobachten Sie unser Hirschrudel mit über 100 Tieren

Ahlenbachweg 4
79286 Glottertal
Tel. 07684-241
Fax 07684-908859
info@scharbachhof.de
www.scharbachhof.de

ARNDT
KÖBELIN
WEINGUT

2005 gründete Arndt Köbelin am Fuße der Eichstetter Weinberge sein eigenes Weingut. Seine Kollektion präsentiert sich charaktervoll mit enormer Frische und wird in allen Weinführern bestens bewertet.

Weinverkauf · Weinproben · Liköre & Schnäpse
Keller- und Weinbergführungen

Do., Fr. 9 - 12 Uhr und 15 - 18 Uhr
Sa. 9 - 12 Uhr sowie nach Vereinbarung

Altweg 131
79356 Eichstetten
Tel. 07663-14 14
Fax 07663-912 666
arndt.koebelin@t-online.de
www.weingut-koebelin.de

BÖTTCHEHOF

Edelbrände · Liköre · Bauernmarkt
Bauernschenke · Tresterwurstessen

Bauernschenke jeden Samstag von 8 - 15 Uhr
Schnapsverkauf Mo. - Fr. 8 - 18 Uhr sowie nach Voranmeldung

Frank Küchlin
Baslerstraße 76a
79227 Schallstadt-Wolfenweiler
Tel. 07664-7377
Fax 07664-8904
kuechlin@boettchehof.de
www.boettchehof.de

Büss'em Brenn-hüsli
sit 1925

Seit 1925 ist auf unserem Anwesen eine Abfindungsbrennerei dokumentiert. Unsere Spezialitäten sind Apfel- und Traminerbrand aus dem Fass sowie Brände von der Williams-Christ-Birne und Weinhefe. Unsere Reben bewirtschaften wir im Kaiserstühler Winzerverein Oberrotweil im Vollerwerb.

Gerne führen wir Sie durch die Weinberge und Keller von Oberrotweil und veranstalten Weinproben – nach Absprache gerne auf Alemannisch, „Ditsch" oder Englisch. Für große und kleine Gruppen.

Brennhüsli Arno Landerer
Hauptstraße 63
79235 Vogtsburg-Oberrotweil
Tel. 07662-6019
Fax 07662-949385
A_S_Landerer@t-online.de

WILLI METZGER
WEINE
Der Weinladen

Der Weinladen im Dreisamtal.

Edelobstbrände aus eigener Hausbrennerei
Badische und internationale Weinspezialitäten

Hauptstraße 43
79199 Kirchzarten
Tel. 07661-7904
Fax 07661-7905

Liköre · Destillate · Verkostungen
Weinbergführungen

Elmar Müller
Riedengartenstr. 30
79241 Ihringen

Tel. 07668-1581
Fax 07668-996124
elfriede.mueller1@gmx.de

Nach der Gründung 1967 wird unser Wein- und Obstbaubetrieb seit 2009 in dritter Generation von Sohn Daniel weitergeführt.
Die selbst erzeugten Produkte werden im eigenen Hofladen sowie auf den Wochenmärkten in Endingen und Riegel direkt vermarktet. Gerne laden wir Sie auch zu einer Destillatprobe mit zünftigem Vesperteller ein. Überzeugen Sie sich von unserer frischen Qualität.

Schnapsproben · Liköre · Destillate
Hofladen · Obst- und Gemüseverkauf aus eigenem Anbau

Kapellenhöfe 1
79346 Endingen

Tel. 07642-3931
Fax 07642-922309

Mobil 0151-59140851
scherers-hofladen@gmx.de

Jürgen Steinhauser

Edelbrände & Liköre

Seit vier Generationen wird bei Steinhausers
Geistreiches hergestellt.

Edelbrandproben & Geschenkeflaschen

Altenstr. 17
79336 Herbolzheim-Wagenstadt

Tel. 07643-1518
Mobil 0151-10587831

ROSEN & WEIN

Weinverkauf · Schnapsproben
Hofladen · Freilandrosen
Schaubrennen · Events

Hanspeter Weiß
Hauptstraße 14
79353 Bahlingen

Tel. 0 76 63 / 49 74
Fax 07663 / 949 171

info@rosen-und-wein.de
www.rosen-und-wein.de

Quellenverzeichnis:

Von der Frucht zum Destillat, Wilm Bartels, Verlag Heller, Schwäbisch Hall, 2003

Lexikon der Spirituosen- und alkoholfreien Getränke-Industrie, Dr. Hans Göttler, Verlag Carl Knoppke, Berlin, 1958

Technologie der Obstbrennerei, Peter Dürr u.a., Verlag Eugen Ulmer KG, 2010

Außergewöhnliche Edelbrände, Herbert Menzel, HEEL Verlag, Königswinter, 2007

Schwarzwälder Kirschwasser. Schnapsbrennen – Landschaft und Tradition, Hans Roschach, Schwarzwald Verlag, 2000

Kleinbrennerei, Nr. 6/2011, Ulmer Verlag

www.brennereiverband.de
www.kleinbrenner-baden.de
www.kleinbrenner-verband.de
www.wikipedia.de
www.world-spirits.com
www.zauser.at

Bildnachweis:

Titel	Christian Jung - Fotolia.com (li)
	Tomboy2290 - Fotolia.com (unten)
Seite 11	Edmund Guldenfels (Zibärtle)
Seite 15	volff - Fotolia.com (li)
Seite 16	Leonid Nyshko - Fotolia.com (li)
Seite 17	Fotolia.com
Seite 21	volff - Fotolia.com (re oben)
Seite 33	Alexander Hoppe (Schwarzwald)
Seite 37	Christian Jung - Fotolia.com (unten)
	Sternstunden - Fotolia.com (oben)
Seite 40	Ina Schoenrock - Fotolia.com (unten)
Seite 45	JayAre - Fotolia.com (Kaiserstuhl)
Seite 47	sumnersgraphicsinc - Fotolia.com
Seite 48	Taratorki - Fotolia.com (re oben)
Seite 52	Fotolia.com (oben)
Seite 57	Andrea Wilhelm - Fotolia.com (re oben)
	Christian Jung - Fotolia.com (li unten)
Seite 58	Karl-Josef Herbstritt (kleines Bild)
Seite 68	Leonid Nyshko - Fotolia.com (unten)
Seite 77	Fotolia.com (oben, kleines Bild)
Seite 79	Yasonya - Fotolia.com (Erdbeere)
Seiet 81	volff - Fotolia.com (Kirsche)
Seite 85	by-studio - Fotolia.com (unten)
Seite 87	Team 5 - Fotolia.com (oben)
	Martina Berg - Fotolia.com (kleines Bild)
Seite 89	gmf1000i - Fotolia.com (oben)
Seite 92	goncharuk - Fotolia.com (oben)

Alle anderen Fotos: Christa Rinklin

Impressum:

Konzept, Text, Redaktion:	Christa Rinklin
Gestaltung:	ce-bra – atelier für werbung Annette Pfau, Bötzingen
Fotografie:	(siehe Bildnachweis)
Gesamtherstellung:	LAVORI VERLAG, Freiburg i. Br., 2011
Druck:	Druckcentrum Stühlinger, Freiburg

Hinweis:
Dieses Buch erhebt keinen Anspruch auf Vollständigkeit, sondern gibt nur eine Auswahl der Edelbrenner in der Region wieder.

LAVORI VERLAG
10 JAHRE regionaler Autoren-Partner

Christa Rinklin

„e wengili vu' dem un' sellem"

Kräuterfrauen, Blumenköche und ihre Duftgärten zwischen Schwarzwald und Kaiserstuhl

...heißt das 116 Seiten umfassende Buch, in dem 20 kräuterkundige Personen mit ihren besten Koch- und Kosmetikrezepten sowie Kräutergärten und Kräuterpfade vorgestellt werden.
Schafgarbenpesto, Blumenknospen-Auflauf, Ringelblumen-Muffins, Huflattich-Zabaione oder Lavendel-Sorbet sind nur einige von vielen Anregungen für Geschmackserlebnisse der besonderen Art.
Ergänzt werden die Portraits und knapp 150 Rezepte von Erste-Hilfe-Tipps aus der Natur und einem kleinen Küchen- und Heilkräuterlexikon.

Paperback: 116 Seiten
Format: 16,5 x 24 cm
ISBN: 978-3-935737-05-0

€ 12,80

Christa Rinklin

„'s Deggili g'lupft"

Einblicke in die Geheimnisse Eichstetter Kochtöpfe

Wer bei Eichstetter Kochtöpfen das „Deggili lupft", macht kulinarische Entdeckungen, die Geschichte und Geschichtchen geschrieben haben. In diesem Kochbuch verraten Eichstetter Landfrauen, Hobbyköche und Genießer ihre besten Familienrezepte, die bisher wohlgehütet in Küchenschubladen schlummerten.

Paperback: 96 Seiten
Format: 16,5 x 24 cm
ISBN: 978-3-935737-57-9

€ 9,80

www.shop.lavori-verlag.de oder bei Ihrem Buchhändler!

Guntramstr. 8 · 79106 Freiburg · Fon: 0761.8973416 · Fax: 0761.8973418